COLLECTION
L'IMAGINAIRE

Roland Dubillard

Olga ma vache

Les Campements

Confessions d'un fumeur de tabac français

Gallimard

© Éditions Gallimard, 1974.

Écrivain, dramaturge, poète et acteur, Roland Dubillard est né à Paris en 1923. Il s'est consacré au théâtre après une licence de philosophie, et c'est grâce à Jean Tardieu, qui lui commande de petits sketches pour la radio, que son talent émerge. Ces dialogues désopilants sur le langage, sur son absurdité, deviennent *Les diablogues* sur scène ; cette pièce, jouée dans plusieurs théâtres de la capitale, est considérée comme un classique du répertoire comique. *Naïves hirondelles*, sa pièce la plus connue, est donnée pour la première fois en 1961, et connaît un immense succès. Sur cette lancée, Roland Dubillard écrit *La Maison d'os*, *Le jardin aux betteraves*, *Les Crabes*, *Les Bains de vapeur* ou encore *Où boivent les vaches*.

Son œuvre, essentiellement théâtrale, comporte aussi des nouvelles, *Olga ma vache*, publié en 1974, et des recueils de poésie, *Je dirai que je suis tombé* en 1966 et *La boîte à outils* en 1985.

Poursuivant également une carrière d'acteur de cinéma, il a joué sous la direction de Patrice Leconte, Jean-Pierre Mocky et Alain Corneau entre autres.

Prises dans un engrenage d'horizons tous différents, en confrontation ou en fusion, les œuvres de Roland Dubillard proposent la lecture d'un monde paradoxal.

Ses pièces de théâtre sont régulièrement à l'affiche, notamment de la Comédie-Française, et il a reçu en 2006 le Grand Prix des poètes.

Olga ma vache

Est-ce que je vais enfin la raconter, cette histoire ? Me voilà avec une vieille femme et trois grands enfants qui ne me parlent même plus ; me voilà vers la fin d'une carrière littéraire et théâtrale à en pleurer, c'est vrai, tout le monde vous le dira, s'ils me connaissent. Je me sens redevenir jeune. Je me remets à raisonner à perte de temps comme quand j'avais vingt ans, et je recommence à éprouver ce même dégoût d'écrire comme il faut, qui engendre un goût beaucoup plus malsain d'écrire comme il ne faut pas. Avec tout ça me revient de plus en plus mélancoliquement cette histoire de jeune homme, que je n'ai jamais racontée même à ma femme. Et de plus en plus je me dis que ça devait être la seule histoire vraiment importante que le bon Dieu m'avait destinée. Parce que, depuis, la vie a été tellement vide.

Je le dis tout de suite, c'est une histoire idiote, et surtout une histoire invraisemblable. Il s'agit d'une vache.

A l'époque, j'étais complètement à plat. J'en avais assez de tout, je commençais à me dire que grand-père avait eu bien raison de me traiter de petit raisonneur. Je n'étais rien d'autre. Ce qui m'avait le plus abattu, je ne voulais pas me l'avouer, c'était le naufrage presque spectaculaire de mon drame poétique : *L'Ampoule*. N'en parlons pas. Enfin, je faisais pitié. J'avais un ami qui était peintre, et qui a fait par la suite une belle carrière dans le chauffage central. Il s'appelait Gabon. Il jouissait d'une grande propriété normande, avec des bois et des prés. Il me dit : « Viens donc te reposer là-bas avec moi. » Nous voilà partis.

La maison de campagne de Gabon était une bonne maison, surtout le soir au moment du grand feu allumé devant la bouteille de calvados, à cause du début de printemps un peu froid en fin de journée. Après la veillée où nous causions un peu, nous avions une chambre chacun avec des murs de plâtre, et vraiment le silence était insupportable. Il fallait s'y faire. La vie était lointaine, quelque chose m'effaçait doucement. Alors je dormais, et nous n'avons pas réussi une seule fois à voir le lever du soleil.

Gabon était là bel et bien pour se reposer et boire du lait comme moi, mais ça l'amusait de croire qu'il était là pour faire enrager ses amis peintres en peignant sur le motif, comme ils disent. Moi, je le laissais partir avec ses pinceaux, parce que j'en avais assez d'avoir l'air de m'irriter contre les Arts, comme ça a été longtemps mon habitude. Je préférais m'ennuyer. Quand il y avait du soleil, je m'y mettais.

Gabon me rapportait des portraits de vache invraisemblables, et il prenait un petit air fouine pour me raconter qu'il détruisait la nature. Tu parles. Les vaches ne s'en portaient pas plus mal. Je l'appelais Mort-aux-vaches, par plaisanterie, et je lui rappelais qu'il avait dans son horloge rustique un fusil de chasse à deux coups, plus meurtrier qu'une paire de pinceaux. C'étaient des gamineries, il ne m'en tenait pas rigueur, mais il me traitait de con, sincèrement, je crois. Enfin, je lui étais moins pénible que la solitude.

Dans l'ensemble, j'éprouvais un grand calme agréable, mais, comme on dit, ça ne pouvait pas durer. Encore par désir de plaisanter, je pose une question à Gabon, et Gabon me répond que oui, et c'est là que l'histoire commence, si on peut parler d'histoire. Oui, les vaches consentaient à poser pour lui, au moins une. Je fis comme si ça me semblait impayable, en me tapant sur les cuisses, bien que je n'en eusse pas envie. Il m'emmena sur les lieux, un grand pré avec une vingtaine de vaches.

Il y avait là une petite vache, à décrire plutôt qu'à peindre. Ça m'est pénible de la décrire. Scientifiquement, c'était une génisse, mais ces questions de virginité m'ennuyaient. Elle était blanche avec des taches marron. Ce qui frappait, c'était ses yeux très beaux, très tristes, entourés de cils blancs, très longs, très propres. Une tête pensante, patiente, d'où deux petites cornes sortaient peu à peu, sans qu'elle s'en aperçût, la vache, comme dirait un poète. On connaît le museau humide des vaches. Celui-là était rose. Il y a des grosses vaches, qui vont de pair avec leur bêtise proverbiale. Celle-là était plutôt menue. Mais c'était son poil, moelleux, chaud, avec d'indicibles passages de couleur à couleur, qui la rendait irrésistible. On avait envie de la toucher, de la caresser, de l'embrasser, tout en ayant bien conscience que ce n'était pas la peine, parce qu'on n'est pas des gosses. Ni des animaux.

C'est dire que cette vache ne m'impressionna pas du tout, pas plus qu'une fleur, finalement. L'élément drôle était Gabon qui installait son chevalet et sa toile à une bonne distance de la vache, avec un air technique sûr de lui, comme si... précisément, comme si quelque chose que personne ne peut penser allait se produire. Ce matin-là, je me suis couché dans l'herbe, parce que je trouvais que j'avais assez ri, et j'ai pris mon air morne tout le reste du temps. Mais je regardais la vache. Elle était plantée dans l'herbe, en plein en face de Gabon, sans bouger, les yeux dans les yeux, semblait-il. A la fin, énervé, je lui criai qu'elle ferait mieux de manger de l'herbe, comme ses petites camarades, ou de lire un passage de Bernardin de Saint-Pierre. Alors, elle tourna la tête de mon côté, et jamais je n'ai été contemplé comme ça. Je me sentais vu, pour ainsi dire. Je continuais à lui parler, mais plus doucement, parce que, comme je le sais maintenant, j'avais honte de lui parler. L'homme doit avoir facilement honte de parler aux animaux, surtout seul à seul. Après avoir essayé de lui chanter quelque chose, je me tus. Elle me contempla encore un peu, silencieux comme j'étais, puis elle retourna la tête vers Gabon. Bon, dit Gabon, allons casser la croûte.

Un peu après, nous l'avons appelée Olga. C'était vraiment une drôle de vache. Souvent, nous l'avons retrouvée en train de regarder son portrait par Gabon, muette... bien sûr, muette, mais on aurait dit que ce n'était pas seulement par nature. Pas seulement par sa nature de vache, mais par la nature de sa contemplation. Je plaisantais en disant cela à Gabon, mais la plaisanterie l'étonna. Voyant que je l'étonnais, je m'engouffrai, si j'ose dire, dans ma plaisanterie comme le vent dans un couloir. Ça me rappelait la sorte de passion qui me faisait prononcer des phrases devant ma dernière amie ; par exemple, que j'aurais voulu la rendre jaune et amère comme si j'étais son foie malade. En lui disant cela, une exaltation me prenait, je ne sais pas pourquoi. Donc, je me mis à m'exalter pareil pour Olga, à propos de l'idée d'Olga, et cela, juste à partir du moment où je l'avais appelée Olga, justement.

Olga broutait peu, quand nous étions là, dans le pré où les autres vaches ne faisaient que brouter, elles. On s'y étendait quand la peinture en avait fini avec Gabon, ou alors, comme c'était un grand pré, on s'y promenait dans la longueur, tout en causant. Olga, à qui je n'osais plus parler franchement, pour ce que j'ai dit, nous suivait, oui, elle nous suivait d'un peu loin mais pas trop, et ça me paraissait tellement beau de penser qu'elle nous écoutait, que je parlais d'elle longtemps à pleine voix, et Gabon riait au début, puis il me disait d'arrêter mes chars, parce qu'à force de parler pour une vache, il avait vaguement l'impression que je quittais le domaine du bon sens.

Mais je le quittais au point que ça m'était complètement égal de dire des choses pas drôles, pas même sarcastiques, ni rien, des choses franchement bêtes, comme sur la joie de respirer, par exemple. A force d'enfler, la plaisanterie prit très vite une figure alarmante et pas loin d'exploser, car de la parole aux actes, histoire de respirer mieux, je ne fumais même plus, sauf un peu le soir dans ma chambre. Le reste du temps, à part les repas, je préférais mâchonner des fleurs, sans les avaler quand même. Ainsi mon nez devenait plus délicat, et des odeurs nouvelles l'envahissaient, des odeurs qui étaient en réalité très anciennes, car, si vous me permettez une comparaison, elles ressemblaient à des voitures de pompiers qui arriveraient en trombe et où des pompiers seraient assis en rang sur deux bancs, lesquels pompiers, eux, ressembleraient à des souvenirs d'enfance. Je dis cela pour exprimer l'espèce de transport qui m'enlevait à propos de la Nature considérée comme ayant pour centre Olga. Et cela, bien que je ne l'aie pas dit, ne se passa pas en un seul jour, mais au cours d'une assez longue période.

Au bout de cette période, j'avais tout à fait renoncé à étonner Gabon par mes propos, Gabon, je ne m'en souciais plus. Même, je remarquai avec satisfaction qu'il ne prenait plus la peine de m'écouter ou que s'il m'écoutait, il n'y comprenait plus rien du tout. Ça me faisait plaisir, car je me disais, sans y penser, que moins Gabon comprenait, plus Olga avait des chances de comprendre. Aussi, comme Gabon s'était mis à peindre des cailloux et des champignons, je ne tardai pas à profiter de la liberté d'Olga pour sortir avec elle. Je poussais la barrière, et elle me suivait dans la forêt.

Est-ce invraisemblable ?

Cette vache dans la forêt, comme on n'en a pas l'habitude, avait quelque chose de troublant, j'ai failli écrire de tromblon, et ça aurait peut-être mieux rendu ma pensée, en effet. Oui, cette vache dans la forêt avait quelque chose de tromblon ou de troublant. D'abord, l'escalade des monticules, les branches qui l'obligeaient à se baisser, les arbres qu'il fallait qu'elle contournât, donnaient à sa démarche une grâce toute nouvelle, faite d'hésitation un peu anxieuse et d'une invention de chaque instant. Les gens qui boitent ont beaucoup de régularité dans leur façon de boiter, généralement. Au contraire, la forêt demandait bien à Olga de boiter, mais Olga répondait de si bonne grâce et d'une façon si variée que je ne pouvais pas m'empêcher de penser que c'était la Poésie avec un grand P, et, bien qu'Olga n'eût pas besoin d'être aidée dans sa marche, les mots me venaient naturellement avec les cris correspondants, surtout des cris sourds et des souffles, pour collaborer je peux dire à son ouvrage. C'était la deuxième fois de ma vie que je travaillais avec un animal, sur un pied d'égalité, d'homme à animal, pour ainsi dire. La première fois, c'était pour creuser des trous dans un massif avec une chienne, quand j'étais petit, elle me comprenait bien et c'était un bon travail.

Mais il y avait autre chose qui rendait la vache troublante dans la forêt, et voici : elle était heureuse. Je ne veux pas dire que les vaches sont malheureuses ordinairement. Je parle d'un bonheur qui vous ferait comme si vous aviez avalé de la levure et alors il faudrait bien que vous débordiez, que vous rendiez quelque chose. A ce moment-là, on ne peut pas rester seul, ou bien, si on est seul, on construit quelqu'un d'imaginaire pour lui donner ce qu'on a de trop. On danse pour lui, on crie, on s'agite d'une manière qui semble inutile pour celui qui fait tout cela, parce que, justement, c'est pour un autre qu'il le fait. Ainsi, le bonheur d'Olga demandait un débouché. Je dirai que c'était un bonheur pour l'exportation, si j'ose employer une image commerciale. Olga battait de la queue, oscillait du cou dans la forêt, meuglait doucement, faisait le chien qui gambade, tout cela en ma faveur, mais pas pour me remercier, seulement pour me faire don de son bonheur. Comme quand on avale une cuillère de soupe pour quelqu'un. Et moi, que tout cela rendait heureux à mon tour, je faisais comme elle à ma façon, je m'exprimais par des moyens humains et animaux, de sorte que j'ai connu avec elle, dans la forêt, ce à quoi on devrait réserver l'expression : de bons moments. Je crois. Des fêtes.

A partir de cette histoire de forêt, je vais vous dire pourquoi vous devez deviner que je consacrai la totalité de mes pensées à Olga. C'est que je ne pouvais pas penser à mes amis de Paris, ni seulement à Gabon, sous peine de me sentir ridicule dans cette aventure. Or, j'en avais assez de me moquer de moi sous prétexte d'avoir peur que mes amis se moquassent de moi. Je préférais qu'on ne parle plus du tout de moi et une bonne fois pour toutes j'avais décidé d'aller où boivent les vaches, comme dit Jean-Arthur Rimbaud. Bien sûr, un jour, je rentrerais à Paris, mais pour le moment, j'étais seul avec ma vache, libre d'être bête avec elle, et personne ne me jugeait. Je croyais ça, et pourtant j'avais tout de même dans la tête une vague idée de récupérer tout ça plus tard, et même le plus vite possible, avec un bout de papier et un crayon. Ça m'a toujours embêté de vivre, et je tiens à ce que ça continue ; aussi, quand la vie commence à devenir intéressante, je m'arrête de la vivre, je préfère en faire collection, et le papier je dirai que c'est le bouchon dont le crayon est l'épingle et la vie le scarabée d'or. Seulement là, pour que la prise vaille la peine, j'avais dans la tête la vague idée qu'il fallait que j'oublie momentanément que ce serait une prise. J'avais bien le crayon et le papier dans la tête, mais transparents tous les deux, ou plutôt comme un arbre dans la forêt qui ouvre un œil et vous regarde dans le dos sitôt que vous êtes passé. Invisible et présent, comme on dit. C'est dire que j'étais plus que jamais faux jeton, et que tout ça n'était propre qu'en apparence, comme d'habitude.

Olga, elle, appartenait tout de même dans un sens à une bande de fermiers assez lointains, et c'était pour moi encore un motif de malaise, à cause de la pinte de bon sang avec laquelle ils se seraient payé ma tête, s'ils avaient su. Enfin, tout ça, j'essayais de l'effacer de ma réflexion.

Pendant ce temps-là, ma petite vache, qui fuyait maintenant quand Gabon, histoire de se compliquer un peu le problème plastique, revenait vers elle, ses pinceaux dans une main et dans l'autre un plein panier de champignons décomposés pour le fond du tableau, ma petite vache m'attendait fidèlement tous les soirs à cinq heures à la lisière de la forêt. J'arrivais, le cœur lumineux, je lui disais bonjour et elle me répondait comme elle pouvait avec beaucoup de spontanéité touchante, puis nous partions comme je l'ai déjà raconté. Vers six heures, nous nous arrêtions dans une clairière lointaine et silencieuse, et là, la fête recommençait. Elle durait une demi-heure, puis nous redescendions vers les prés pendant que la nuit se faisait. Olga m'écoutait bien et j'avais l'impression qu'elle me comprenait de mieux en mieux. Mais je la comprenais aussi de mieux en mieux, et je me disais à présent que moi non plus, si j'avais eu une vie aussi courte que celle des vaches, je n'eusse pas perdu mon temps à jouer du piano et surtout de la cervelle. J'avais bonne mine avec mes paroles, devant cet animal qui ne perd pas une minute, de la naissance à la mort, sitôt né, sitôt debout ; je me faisais honte, avec mes détours, devant cette bête du plus court chemin, comme dirait un poète moderne. Et, quand j'étais fatigué, je me demandais si je n'avais pas une très mauvaise influence sur Olga. Je la pervertissais peut-être. Car, vers ce point de rencontre idéal de l'homme et de la vache, la vache faisait plus que la moitié du chemin. Elle était déjà plus loin de ses compagnes naturelles que je ne l'étais de mes amis. Moi parti, je la voyais dans un désarroi fendant le cœur.

Cependant, le mois à la campagne était fini. Gabon pliait bagages, frétillant à l'idée de montrer là-bas ses tableaux.

Moi, ça m'a fait un choc de sentir que je ne pouvais pas partir. J'imaginais que je partais, et alors j'avais le vertige ; j'imaginais la douleur qui déchirerait peut-être mes intestins si je partais, et elle avait la forme d'Olga plantée sur ses quatre pattes pour me regarder partir. Il me semblait que c'était une grande douleur, mais peut-être que je la faisais seulement mousser, et en tout cas j'aurais dû tomber dedans, parce que tout ce qu'on fait pour éviter les grandes douleurs est mauvais.

Mais il y avait là quelque chose qui n'était pas fini, et je savais que c'était quelque chose d'important. Rentrer à Paris avec ma petite récolte de sentiments et d'idées, juste de quoi partager avec mes amis dans les chambres à coucher littéraires, j'aurais eu l'impression de rater ma chance, de manger mon blé en herbe. Car justement Gabon s'en allait et avec ses valises il emportait mes derniers uniformes de respect humain. Rester seul, rester nu près d'Olga, ça me creusait le ventre d'un autre vertige, et entre le vertige de partir et le vertige de rester, j'ai choisi le vertige de rester. Le vertige, c'est quand on ferme les yeux et qu'on s'abandonne. Ce qu'il y aurait devant moi quand je rouvrirais les yeux, je ne voulais pas le savoir, car alors, peut-être, je me serais servi, non de mes paupières, mais de mes freins. Croyez-vous que je pesais le pour et le contre avec des mots, bien sûr que non : partir ou rester, ce n'était toujours que l'image d'Olga plantée dans l'herbe, avec ses douces taches brunes et ses yeux qui me regardaient stupidement partir ou marcher dans son herbe vers elle. C'était cette image qui décidait, ce n'était pas moi, dans un sens.

Je dis à Gabon que j'aimerais bien rester encore un peu et comme il me répondit qu'il n'y voyait pas d'inconvénient, un grand frisson me parcourut les vertèbres, comparable, je pense, à ce qui se passe dans le criminel au moment où l'occasion merveilleuse s'érige brusquement comme un sexe entre sa joie et sa terreur. Gabon parti, la vache et moi, nous étions quasiment seuls.

J'en profitai pour l'installer dans la maison. J'avais tout mon temps. Je mis de la paille dans la chambre de Gabon, qui s'ouvrait de plain-pied sur la prairie. La porte était ouverte, Olga faisait ce qu'elle voulait, et je pense que si elle dormait là, c'était surtout pour me faire plaisir, par sympathie, car elle devait préférer le plein air. D'ailleurs, pendant mon sommeil, la nuit et le matin, il fallait bien qu'elle broute un peu d'herbe.

Encore maintenant, je me demande bien ce que je pouvais attendre de mes rapports solitaires avec Olga. Avec une vache. Il y avait sûrement du mysticisme là-dedans. La possibilité de faire comme ça l'andouille avec quelqu'un, et pourtant loin de tout le monde, m'exaltait. Car Olga, c'était quelqu'un, mais je pouvais me dire quand je voulais que ce n'était personne. En tout cas, en faisant l'andouille, si j'espérais quelque chose, ce n'était sûrement pas ça : qu'Olga, tout à coup, au milieu de la clairière, s'immobilise et prononce un mot. Je ne m'y attendais pas. Du coup, complètement stupéfait, me voilà aussi immobile qu'elle et le souffle coupé. Il faisait presque nuit, notre tapage avait éloigné les oiseaux, de sorte que je laisse à penser quel silence il y avait. Olga avait dit : Olga. Ce silence-là, je m'en souviendrai toute ma vie. Elle a dit : Olga. Nous redescendons lentement de la clairière. Vraiment sans savoir quoi dire. Ni moi, ni elle, qui sentait bien toute la gravité de son initiative. Au croisement de deux sentiers nous passons devant un fermier goguenard, ah oui ! je m'en fichais pas mal. Dans ma poche, le fermier. Je me sentais envahi par une joie qui me partait des pieds, montait lentement, me submergeait les genoux, épousait les sinuosités de mes intestins, poussait dans mes poumons... Terrible. Je ne pensais même plus à Olga, qui se tordait les pieds dans les ornières nocturnes près de moi. Bon dieu ! Tous mes amis, en une longue file, ont défilé dans mon cerveau ; je leur voyais une bouche ouverte, des yeux ronds desséchés par la stupeur, et moi leur disant : Eh bien quoi, ça n'a rien de sensationnel, une vache qui parle. Ah ! j'étais fou, hein ? Je faisais l'andouille et qui c'est qui se payait ma tête ? Eh bien, voilà le résultat. Et j'imaginais même une barrière, pour qu'ils ne touchent pas à mon œuvre d'art. Oui, une barrière, oh, fragile, une barrière pour dire. Mais je m'imaginais, moi, de leur côté de la barrière, et je contemplais avec eux, derrière cette barrière désormais infranchissable, cette vache phénoménale que je condamnais ainsi à la solitude. Je dis ça avec précipitation, parce que c'est mon remords.

Car tout était fini entre Olga et moi. Ni elle ni moi ne nous sommes aperçu à ce moment-là à quel point je la trahissais. Pourtant ce n'était pas ça que j'attendais de nos rapports. J'aurais dû me taire, faire comme si de rien n'était, considérer l'événement comme une étape dans notre histoire, et continuer, aller plus loin. Vers où ? On ne peut pas dire. Mais mettez-vous à ma place, quand même, en entendant cette vache parler, j'ai cru que c'était arrivé, que nous étions arrivés. Et même, j'étais soulagé de voir que ce n'était que ça, que ça restait si humain, si agréable, et au fond, si anodin. Il avait suffi d'un mot, et que je l'aie trouvé miraculeux, pour que le souvenir même de ces bons moments où nous avions si ridiculement fait l'andouille perdît, avec son ridicule, toute sa grandeur. J'étais réconcilié avec le monde, le stylo me sautait aux doigts, je gagnais des galons. Ce que je perdais sans le savoir, c'était autre chose, quelque chose de très beau qui ne se dit pas et dont je me souviens à peine.

Quand j'écrivis à mes amis qu'Olga récitait *L'Après-midi d'un faune*, je mentais, mais la vérité c'était qu'elle l'aurait pu, si je l'avais voulu ; et certainement je l'aurais voulu, si une honte ne m'avait pas retenu, celle de faire de l'humour en me servant d'Olga sans la prévenir. Je la respectais encore, et cela m'aurait gêné de la traiter tout à fait comme un phonographe, car je ne suis pas un saint, mais tout de même j'ai de la délicatesse. C'est même un excès de délicatesse qui m'empêche le plus d'être un saint, je veux dire que ma délicatesse tourne parfois à la lâcheté. Bref, c'est quand je pensais à mes amis que je considérais Olga comme un phénomène à exploiter ; autrement, je tenais beaucoup à la considérer comme une personne. Donc, parfois j'apprenais à parler à une vache, et d'autres fois j'apprenais à parler à Olga. Dans les premiers cas, je me servais d'elle par vanité, dans les seconds cas, je prétendais la servir. Car il me semblait que si Olga apprenait si vite à parler, c'était qu'elle en avait besoin. Et alors j'attendais avec impatience le moment où elle ne se bornerait plus à me rendre ce que je lui donnais, mais où elle me dirait quelque chose d'elle-même, quelque chose de proprement vache qui n'a encore jamais été dit.

Un fait aurait dû pourtant m'inquiéter, c'est qu'Olga, si admirable lorsque nous montions à la clairière sans un mot, si belle et si troublante lorsqu'elle dansait pour exprimer sa joie, Olga se figeait comme une souche dès que la parole s'installait entre nous. Il faut avouer qu'alors elle avait l'air bête. C'est quand elle m'écoutait qu'elle ressemblait le plus à ses anciennes compagnes. On aurait dit qu'elle broutait mes paroles, et vous savez comme sont les vaches, avec leur tête de ramasse-miettes qui vautre son ventre dans l'herbe : elles vont, elles vont sans s'arrêter, sans goûter ce qu'elles mangent, rasant tout sans s'occuper de ce qu'elles rasent, les yeux pour ainsi dire fermés, gardant tout pour plus tard. Et puis quand elles ont amassé, elles s'en vont compter leurs sous, on dirait, elles ruminent, elles sont des marins qui regardent ce qu'il y a dans leur filet, et en général il n'y a pas grand-chose, tout juste de quoi ne pas mourir. Je crois que si elles savaient sur le moment ce qu'elles mangent, si elles savaient que c'est de l'herbe, elles n'auraient pas le courage de manger comme ça sans arrêt, parce que l'herbe, ça n'avance à rien, ça n'est pas bon, ça ne vaut pas la peine de se baisser. Mais elles espèrent probablement qu'à la rumination elles découvriront dans la boule d'herbe quelque chose comme une herbe clef, qui leur permettra d'ouvrir elles ne savent pas trop quoi. Et alors il me semble qu'Olga avalait mes paroles sans les comprendre, aveuglément comme de l'herbe, dans l'espoir d'y trouver plus tard quelque chose comme un mot qui serait une clef. Mais je ne crois pas qu'il y ait jamais eu de mot clef dans ce que je lui disais : une fois méditées toutes mes phrases, le silence devait lui retomber sur l'estomac. Quant à la rendre bavarde, même au faîte de la culture humaine, où je me flatte de l'avoir fait parvenir, je n'y ai jamais réussi.

Quant aux fêtes, il faut que j'avoue qu'elles se raréfiaient. Le cœur n'y était plus tant, ça tombe sous le sens. Ce n'était pas que l'envie nous en manquait, mais moi, il me semblait qu'Olga n'attendait plus de moi que des paroles. Mes gambades, comparées aux mots que j'aurais pu lui dire, aux mots que j'imaginais passer dans sa tête à la vue de mes gambades, ses gambades à elle, aussi, dont je savais bien qu'il faudrait que je lui parle un jour, tout ce mélange-là n'était plus tenable qu'avec gêne. La honte avait changé de chaise : c'était du haut des paroles qu'elle trônait maintenant, qu'elle surveillait notre danse, et notre danse se figeait de plus en plus dans des postures ridicules.

Et voilà que les mots démangeaient Olga comme jamais je ne m'étais senti démangé par eux, j'avais envie de lui dire d'arrêter ses chars et qu'elle quittait le domaine du bon sens, quand par exemple il a fallu que je me fasse envoyer un livre de botanique pour lui dire le nom de tous les arbres qu'elle voyait, moi qui n'ai jamais su dire : Tiens, un chêne, tiens, un orme. Bien sûr, c'était passionnant, mais il y avait sous nos conversations un vide assez triste auquel je m'efforçais de ne pas penser, car il m'aurait ramené à moi-même et à la vanité de toute chose, comme dit Pascal. Je fronçais le sourcil et je lui répondais à contre-cœur, sans bien savoir pourquoi. J'évitais les arbres.

Je préférais lui parler de Paris, qui n'était pas là. Même quand je lui décrivais Paris au présent, comme quelque chose qui existe, Paris restait lointain pour elle, comme une forêt détruite depuis longtemps, ou pas encore poussée. Je sentais que c'était ainsi pour elle et ça le devenait pour moi. Je me mettais à confondre Paris avec Noël, comme quand j'étais petit à Limoges. C'est pourquoi je sentais bien qu'il faudrait y aller. A force d'en parler, il faudrait bien que nous prenions le train, et adieu la danse et adieu même la marche.

Un soir que nous rêvions, couchés côte à côte dans l'herbe, Olga me dit qu'il lui manquait un mot. Je lui dis : Invente-le. Mais non, c'était un mot qui devait exister. Je me demandais si elle n'allait pas enfin m'apprendre quelque chose de pas humain, mais non, c'était d'un verbe qu'elle avait besoin, et en cherchant bien, de questions en réponses, nous trouvâmes que c'était un verbe réfléchi, le verbe s'ennuyer.

Moi, j'avais une autre raison de vouloir rentrer à Paris, c'est que mes amis sont des salauds. Olga, pour eux, c'était un mythe. Ils ne prenaient pas mes lettres au sérieux, et ils trouvaient la plaisanterie un peu longue. Rémy, mon metteur en scène, se mit en colère. D'après lui, je n'avais pas le droit de perdre mon temps à la campagne, et il disait que ma crise d'infantilisme avait assez duré. Alors je me mis en colère aussi, et dans la dernière lettre que je lui envoyai, je ne parlai que d'Olga, en soulignant presque toutes mes phrases pour leur donner plus de véracité. Rémy ne me crut pas. Son silence m'indiqua vaguement qu'il se considérait comme brouillé.

Tout ça m'énervait. Le temps de réfléchir une demi-minute, et je me dis que cette importante histoire de vache, si mes amis la prenaient pour un produit de mon imagination, ce n'était pas quelque chose de bien brillant. Même, ils n'avaient pas tort de me dire d'abord que je baissais, et finalement de me considérer comme le dernier des cons. Car il y a des choses qui intéressent uniquement parce qu'elles arrivent ; et quand on veut les faire rivaliser avec les choses qui n'arrivent que dans la Bible, par exemple, elles n'ont plus que leurs yeux pour pleurer. S'il m'est permis de parler d'une manière abstraite, je dirai encore que cette histoire de vache, pas assez extraordinaire pour une existence littéraire, l'était un peu trop pour se permettre d'être vraie. Cette contradiction amassait peu à peu sur ma tête un gros nuage que je n'avais pas du tout envie de regarder mais qui éclata.

Pour parler plus clairement, voilà ce qui s'est passé. Un matin, je me suis réveillé de mauvaise humeur ; quand il a fallu que je parle à Olga, j'ai commencé par lui dire des choses fausses et je lui ai raconté des histoires stupides. Elle n'y comprenait rien et ça me faisait rigoler. Et puis après, je me suis payé une bonne crise de taciturne. Vers la fin de l'après-midi, je me suis retrouvé tout seul en haut d'un arbre, au milieu de la forêt, et j'ai fait la réflexion qu'Olga n'aurait jamais pu me suivre jusque-là, et qu'à propos c'était la première fois que je me promenais ici sans elle, et que c'était du nouveau. Puis, j'ai cessé de penser pendant toute une semaine.

J'étais malade. Je claquais des dents en plein soleil et je ne reconnaissais plus Olga. Je la trouvais toute triste sur le pas de ma porte et je lui criais . Va-t'en, sale vache ! Elle s'en allait. Je dessinais sur les murs de ma chambre des dessins coléreux, des animaux percés d'une flèche. J'oubliais l'heure des repas. Je fumais du tabac, puis, faute de tabac, du thé. Au bout d'une semaine de ce marécage dont je ne me rappelle plus que des portions, tout changea. Voilà qu'en sortant de la maison vers neuf heures du matin pour crier va-t'en sale vache, je regarde, qu'est-ce que je vois ? La vache qui n'était plus là. Quel vide dans la campagne. On entendait au loin des morceaux de bois, des volailles tranquilles. Un moment, ce calme me pénétra. J'étais heureux et plus malade du tout. Les fermiers avaient emmené Olga pour la vendre.

C'était la raison de mon bonheur, mais à peine l'avais-je trouvée, à peine avais-je retrouvé la force de regarder ma plaie en face, parce que j'en étais soudain débarrassé, le bonheur s'échappa et la plaie revint, mais tout autre. Il fallut que je coure. Olga était à la ferme, dans une remorque à bestiaux.

— Vous allez la vendre ? demandai-je au fermier.

Olga me regardait sans rien dire. Je lui souriais, lui passais la main entre les cornes. La tête du fermier, celle de la fermière, celle du garçon de ferme, celle des enfants ne me revinrent que plus tard. Sur le moment, la crainte de passer pour un crétin ne trouva pas en moi la place de s'épanouir. Ils regardaient ce jeune homme frêle, ce fainiant de la maison d'en bas, qui caressait la génisse malade (elle n'arrêtait pas de maigrir), en lui disant avec tendresse :

— Je t'expliquerai plus tard. C'est une formalité. Il faut que je t'achète.

A la fin, je me tournai vers le fermier pour lui demander le prix.

— Je l'emmène à Paris, comprenez-vous. Pour un cirque. Un petit cirque que j'ai avec des camarades. On a besoin d'une petite vache comme ça. Toute petite. Place des Ternes. Vous verrez quand vous viendrez à Paris.

Le fermier ne se moquait pas de moi ouvertement, parce qu'il voulait me voler, vu que je n'y connaissais rien. Ce fut vite fait. Je redescendis avec Olga, elle triste encore, moi aux anges, sans même remarquer le geste du fermier, qui se touchait le front. A la maison, je fondis par terre en larmes pendant une heure et demie. Olga me regardait pleurer. Puis je me relève. « C'est fini. On va partir. Va manger. » Moi, j'ai mangé et bu comme un géant, j'éclatais de joie et de virilité, j'avais envie de faire l'amour avec Jacqueline à Paris. C'est dans cet élan que je pris le téléphone pour commander une camionnette dans l'annuaire. Le lendemain soir, nous étions chez Rémy, à Saint-Mandé. Je n'y avais rien compris.

*

Vous voyez cette vache à Paris. Vous imaginez ce que j'ai souffert. Rien que quand j'ai du monde chez moi et qu'un vitrier se met à crier dans la rue d'un cri trop ridicule, je rougis. Ou quand j'entends à la radio une chanson vraiment bête, c'est plus fort que moi. Il faut que je tousse, que je m'agite pour attirer l'attention, pour que personne ne l'entende. Ce n'est pas que je me sente solidaire de ce vitrier ou de cette chanteuse, ce n'est pas par noblesse, comme si la chose qui ne sait plus où se mettre en moi était la conscience de mon humanité en général : non, c'est plus simple que cela. Et puis, ce n'est pas rationnel. L'explication rationnelle, je la pose comme un chapeau sur la tête de ce sentiment, et la preuve que ce n'est pas plus qu'un chapeau : le sentiment ainsi coiffé ne redescend pas pour autant. Cette vache marchant à côté de moi rue du Cherche-Midi, je ne l'oublierai jamais.

Un nain, ce n'est pas pareil. Benoît est tout petit : nous autres, nous n'y faisons plus vraiment attention, nous le prenons simplement pour un petit homme, nous disons : Benoît n'est vraiment pas grand. Mais dans la rue, même pour nous, Benoît devient un nain. Je marchais souvent avec lui dans la rue. Bien sûr, c'était pénible. On nous regardait. Je me voûtais pour atténuer la différence de taille. Quand le trottoir était trop étroit et qu'il marchait sur la chaussée, personne n'aurait pu faire la comparaison sans éclater de rire ou fondre en larmes. Quand c'était moi qui marchais sur la chaussée et lui sur le trottoir, tout le monde croyait que c'était par délicatesse, mais il était encore tellement plus petit que moi que le scandale était pire. Bien sûr, je n'aimais pas ça. Mais je me disais : il a l'habitude ; s'il souffrait encore de tout cela à son âge, il y a longtemps qu'il serait mort ; maintenant il a pris le dessus. Et je me déchargeais sur lui de la responsabilité du spectacle que nous donnions.

Tandis qu'Olga, c'était autre chose. On voyait bien que le ridicule n'était pas une charge pour elle, n'existait pas pour elle. Alors, c'était moi qui devais prendre le dessus. Et dites-moi : Puisque les gens se tordaient à nous voir passer, qu'auriez-vous fait à ma place ? Je n'aime pas oublier les gens. Je ne peux pas. Quand quelqu'un me regarde, je sais qu'il me regarde, je ne peux pas ne pas le savoir, et s'il rit, il faut que je lui réponde. Alors, je répondais ; mon visage se moulait dans un sourire entendu ou dans un faux sérieux qui me faisait ressembler à un élève des Beaux-Arts le jour du bal, et puis, et puis quoi ? J'étais toujours du côté de ceux qui se moquaient d'Olga, qui n'acceptaient pas Olga, je jouais contre Olga une honteuse comédie. Je ne pouvais tout de même pas lui acheter une camionnette ! Je n'avais plus le sou. Et je ne pouvais pas non plus la laisser doucement crever dans le garage de Rémy à Saint-Mandé.

Car j'avais ma position dans le monde parisien. Je ne suis pas une épave. Je fais partie comme chacun d'une plus ou moins grande mécanique. On appelle ça une carrière. Moi, c'est le théâtre. C'est mon métier d'écrire des comédies gaies et aussi des pièces d'avant-garde. Je suis auteur-acteur, et j'ai un nom. Quand on a commencé à se faire un nom, il est trop tard pour se consacrer à la solitude. Ou alors, il faudrait être plus fort que je ne suis.

C'est Rémy que j'étais allé voir en premier, d'abord à cause de son garage, mais aussi parce que ma carrière gravite un peu autour de lui. Je le considère comme le plus grand metteur en scène de l'époque. Alors Olga, si je voulais la faire vivre avec moi, il fallait que je la présente à Rémy pour qu'il l'introduise dans la carrière, toute vache qu'elle était. Il n'était pas question de la maintenir au-dehors, car elle-même me l'aurait reproché.

J'ai dit que j'avais placé Olga derrière une barrière comme un phénomène et qu'avec mes amis je la contemplais en connaisseur. Je ne dis pas le contraire à présent, mais justement : si j'étais incapable de la rejoindre de l'autre côté de la barrière, c'était à elle de passer de notre côté, pour se contempler elle aussi, comme nous faisons tous plus ou moins, dans l'état actuel de la civilisation, pour ainsi dire. Salaud comme j'ai toujours été, comme je prétends qu'on m'a fait, il faudrait bien que cette vache devienne une salope comme moi. Mais, la garce, elle n'a jamais voulu. Elle n'y a seulement jamais pensé, elle n'a jamais compris ce que je lui demandais. Ah oui, la faire entrer dans ma mécanique ! Comme sainte Agnès dans le croque-madame de son martyre, pas autrement. Les saintes font péter les mécaniques où on veut les faire passer. Mais je raconte.

Me voilà donc dans mon enthousiasme devant Rémy qui se rongeait les ongles en se demandant s'il rêvait, et Olga, toute simple, me regardant aller et venir à travers les meubles du salon. Je ne m'adressais pas à elle. J'inventais une tragédie effroyablement rigolote où elle jouerait le rôle principal, mais je ne m'adressais pas à elle. Je ne pouvais même pas la regarder en face. Elle n'avait pas appris à sourire. Elle ne disait rien. Elle était là et nous voyait, et elle ne faisait rien pour s'en cacher. J'avais un malaise dans le coin de l'œil, à force d'éviter de le poser sur elle. Heureusement, Rémy était là, lui aussi, mais avec ce masque immobile d'absence que nous avons tous, qui nous facilite tellement la vie. Alors, dans le feu, j'allais, j'allais, je trouvais mes scènes, mes répliques, mes points d'applaudissements... En écrivant ça, j'ai envie de m'arrêter, c'est bien simple.

Mais c'est à ce moment-là que j'aurais dû m'arrêter. Olga aurait dû m'interrompre, me demander de sa voix douce : « Dis, est-ce que tu ne fais pas fausse route ? » Non, elle ne le pouvait pas. Elle n'avait pas de route, de vraie route à opposer à la fausse. Elle me faisait confiance — et pourtant elle ne me suivait pas. Elle restait immobile et elle m'attendait. Moi, je faisais semblant de ne pas comprendre. En une semaine, Rémy battit le tambour, une dizaine de cabotins autour de lui, et les répétitions étaient en cours.

Elles avaient lieu le soir. Le matin je dormais et je partageais mes après-midi entre Rémy et Olga. Il fallait encore la perfectionner, lui apprendre à respirer, à ne jamais tourner le dos au public, tout le Théâtre, quoi. Et le soir, je partais avec elle. On avait obtenu un appartement pour elle et moi, pas trop loin du travail. Il y avait un étage à descendre, elle n'aimait pas ça. Mais elle aimait ces départs. Elle devenait heureuse. Nous nous rendions au théâtre comme autrefois à la clairière, et il y avait toujours au bout un espoir de fête. Dans les rues, encore trop claires à mon gré, je m'efforçais de lui faire tempérer ses gambades, dont les passants avaient tendance à cesser de rigoler.

Sur scène, les cabotines eurent peur au début. Les cabotins prenaient des allures mâles. Il fallut attendre pour que l'impression de phénomène terrible ou drôle diminuât chez eux, laissant revenir la conscience de leur métier. Pour Olga, c'était simple. Tout était toujours simple pour Olga. Elle faisait exactement tout ce qu'on lui demandait. Souvent, dans les débuts, Rémy se trompe, impose des niaiseries qu'il sait provisoires. Olga les acceptait comme si la niaiserie n'avait pas existé pour elle. Et le fait est que, niaiserie ou pas, elle donnait à tout un caractère... un caractère inexprimable. Et en quinze jours, la preuve fut faite : la réalisation de mon projet était impossible.

Ça ne venait pas d'elle. On aurait été tous comme elle, ça aurait marché comme jamais on n'a rien vu marcher. Mais ici, elle n'avait plus de compagnon. Oui, ça lui était égal, mon texte, les décrets de Rémy, les cabotins et moi. Avec tout ça elle faisait une fête. Elle apportait la fête sur la scène. Elle n'avait pas besoin de meugler, elle n'avait plus besoin de gambader, un peu de pacotille lui suffisait et alors nous étions gênés. On riait.

Rémy ne voulait pas qu'on rie. Il voulait même que les cabotins s'arrêtent de rire. Alors un cabotin après l'autre se vexa et claqua la porte, sentant bien sans vouloir se l'avouer que ce n'était plus la peine de faire ici le métier qu'on lui avait appris, que c'était du petit violon en fer pour enfant à côté d'un vrai violon en bois.

Il n'y a eu que Véronique, la petite cabotine, pour rester. La cabotine qui avait eu le plus peur au début, jusqu'aux crises de nerfs. Une bonne fille. Et c'est drôle, Olga l'aimait bien aussi, elle lui parlait presque aussi librement qu'à moi. Plus, même, depuis quelque temps. Mais Véronique, du même coup, avait renoncé à faire du Théâtre. Quand on lui en parlait, elle souriait et détournait les yeux, comme pour penser à une chose secrète. Et quand elle disait : « Olga, oh, Olga, c'est autre chose... », j'étais gêné par tout ce que cela semblait cacher d'évidence personnelle.

C'étaient pourtant de bons cabotins, tous méritants, et je ne les accable pas. Non, car ce qui faisait la force dramatique d'Olga, c'était, au fond, qu'elle était une vache. On ne peut pas demander à tout le monde d'être un animal pour jouer la comédie. Voyez-vous, quand cette vache s'avançait lentement en scène, s'arrêtait, puis prononçait avec sa douce voix de vache : « Ecoutez-moi », eh bien, c'était quelque chose. On la voyait, on l'entendait, ce n'était pas le grand acteur qui, haut comme un œuf et chauve comme un œuf, force les gens à imaginer qu'il est Hamlet, malgré tout. Olga ne se séparait pas de son identité. C'était vraiment elle qu'on voyait, elle qu'on entendait, une vache qui parlait. Alors toute notre mécanique cessait de fonctionner. Tout le bavardage des murs, des fauteuils, des pianos se taisait. Et là, sous les projecteurs, quelque chose, quelqu'un avait enfin osé paraître, que personne, que rien ne pouvait supporter, à moins d'accepter un retour en arrière de toute la civilisation contemporaine, je crois.

Mais les civilisations, une fois qu'elles ont pris une direction, vous pouvez dormir sur vos deux oreilles que c'est pour longtemps. Et vous autres individus, si vous n'êtes pas d'accord, il ne vous reste qu'à être malades. Des ratés, pour ainsi dire, s'il est permis de comparer la civilisation à un moteur. Des pets. Et encore, pas vraiment détachés de ce qui ne veut pas de vous, au contraire retenus par la trouille.

J'avais bien, je sentais bien que j'avais un vrai visage de pet, que c'était bien ma vocation, ce matin-là au café en face de Rémy et de Gabon qui regardaient mon commencement de jaunisse. C'était fini, on n'en parlait déjà plus. Ma vache me retombait sur les épaules. Il y avait des salopards qui disaient : C'est bien fait. Il paraît que cette exploitation d'un animal à des fins esthétiques aurait été immorale, et cœtera et cœtera. Mais pour moi, ce n'était pas fini. Rémy essayait de me tirer de là : Il faut monter une autre pièce tout de suite, oublie cette aventure. Après tout, ajoutait Gabon, une vache est une vache. Je ne répondais pas. Je tenais à être un pet, puisque cette aventure m'était arrivée à moi, que cette vache était tombée sur mes épaules à moi. J'avalai de travers mon apéritif quand ils parlèrent de renvoyer cette vache à la campagne. Il y avait de quoi rire. Et moi ? Qu'est-ce que j'irais faire à la campagne ? Planter des carottes ? Ils me regardaient sans rien oser répondre. Bien sûr, ils avaient voulu dire : renvoyer cette vache toute seule à la campagne, et qu'elle reprenne sa vraie vie de vache. Mais en me voyant rire, ils n'osaient pas préciser ce qu'ils avaient voulu dire. Ils n'osaient pas, parce qu'ils sentaient bien que je ne pouvais pas être leur complice dans cette abjection. Et alors je vis trouble, comme ça m'arrive quelquefois, et je fis se retourner toute la terrasse du café en criant : Cette vache ! Cette vache ! Vous dites toujours cette vache ! Est-ce que vous savez comment elle s'appelle, cette vache ? Je contemplai un moment l'expression de leur gêne et j'ajoutai sournoisement : Eh bien, cette vache, elle s'appelle Olga, messieurs. Et je mis là-dedans tout ce que cela signifiait. Je sentis aussitôt les larmes me monter aux yeux et je préférai leur dire au revoir sur ma lancée, comme si l'art dramatique avait jamais donné une solution à un problème réel.

La solution, il n'y en avait pas, et pourtant, elle est au bout de ma plume, au bout de mon récit.

Donc, Olga était le rocher dont j'étais le Sisyphe, si l'on peut dire. N'importe, ou plutôt justement, ce dont j'avais le plus besoin, c'était de m'en séparer, de n'y plus penser. Aussi, cela me satisfaisait de voir que Véronique s'en occupait à ma place. En effet, elles habitaient ensemble ; et moi chez Rémy. Des jours entiers, je n'allais pas les voir. Je prétextais qu'il fallait que je travaille mais je ne travaillais quand même pas. Je me repliais par terre sur le tapis de ma chambre et je passais mon temps à rien, à moi, à passer mon temps. Bientôt, je m'endormis tout à fait. Rémy n'osait pas me réveiller. Des semaines entières n'existèrent plus pour moi. Il y avait des grandes panoplies sur les murs, je pourrais encore les décrire minutieusement, ainsi que les dragons du tapis. Je me bourrais de caramels et de thé. Il me venait de grands rêves, avec des eaux mortes et de petites îles entre chien et loup, dont la solitude faisait une musique monotone et où un cygne paraissait à de longs intervalles.

Alors je fis asseoir Véronique sur le tabouret du piano et elle me dit qu'Olga était malade.

— Tu sais, tu es comme son père, pour ainsi dire. Tu lui manques. Je fais mon possible, mais on voit bien qu'elle ne me parle que pour me faire plaisir, ou parfois, j'ai même l'impression que les phrases qu'elle me dit, c'est comme pour les essayer, et qu'elle les garde pour toi, plus tard. Elle dort mal et parfois meugle en rêvant. Cela me réveille et me fait peur. Elle mange peu et, c'est pénible à dire, il lui arrive de s'interrompre entre deux touffes de foin, et alors elle bave sur le tapis. Je la promenais, tu sais, il fallait bien la distraire, mais elle s'arrêtait souvent, et quand c'était au milieu de la rue, les automobiles cornaient. Deux fois elle est tombée dans l'escalier, par faiblesse, par négligence. Elle s'est ébréché une corne, et une partie de la rampe s'est effondrée. Je ne peux pas continuer comme ça, pourtant.

Au début, le récit de Véronique me sembla très beau, et je continuais à rêver en l'écoutant. Mais Véronique se tut et baissa la tête ; cela me pinça dans le ventre. Les mots qu'elle dit ainsi, tête baissée, me réveillèrent tout à fait.

— Elle perd ses poils. Oh, tu devrais venir la voir, tu sais.

— Pour quoi faire ?

Véronique ne répondit pas. Je dis :

— C'est elle qui t'envoie ?

— Oh, non ! Comment peux-tu supposer... Non. Mais il faut que tu viennes. C'est une chose que je sens, vraiment, je ne sais pas comment dire.

Il y eut un silence, puis Véronique se leva.

— Bien sûr, tu n'es pas obligé. Ce n'est peut-être pas la peine, bien sûr. C'est à toi de voir.

Elle s'en allait. J'avais une envie incroyable de l'embrasser, je ne sais pas pourquoi ; à cause de sa tristesse, peut-être. Je lui dis que j'irais les voir le soir même.

Je ne crois pas que c'est le soir même que j'y suis allé. Je crois que j'avais la colique, et même je me revois assis dans les grands waters de Rémy, qui étaient en céramique bleue, et où je me sentais encore plus seul, plus à l'abri que dans la chambre.

J'ai parfois aussi des phrases qui me prennent comme des coliques, des phrases qui n'en finissent pas de recommencer. Cet après-midi-là, je me rappelle que c'était : « Ah ! Ah ! Nous y sommes. » J'essayais de réfléchir, de m'expliquer ce qu'elle voulait dire, cette phrase, mais plus je réfléchissais, plus je ne trouvais qu'elle : « Ah ! Ah ! Nous y sommes. » Pourtant, je ne peux pas faire quelque chose avant d'avoir réfléchi, et comme cette phrase m'empêchait de réfléchir, je me mis au lit au lieu d'aller voir Olga, cette fois j'en suis sûr, puisque à minuit Véronique m'appelle au téléphone. Je lui dis que je suis malade et que j'irai demain. Je raccroche et je me dis : « Ah ! Ah ! Nous y sommes. »

Je n'ai jamais su pourquoi, brusquement, j'ai changé d'attitude. Mais le lendemain matin, je crois, je me rappelle que le temps avait changé. Il y avait dans les rues un gentil petit vent, et je n'ai pas eu besoin de me lever de mon lit pour le sentir, parce qu'il y avait une grosse cloche d'église qui sonnait, et parfois c'était de tout près, et le coup suivant de très loin, semblait-il. Pas la peine de se lever pour sentir cela, ni même de réfléchir, ça faisait partie de mon inconscient pour ainsi dire, et ça se mélangeait avec un rêve que je venais de faire, je ne sais plus lequel, mais un gentil petit rêve, avec de la mer et de la nage. On était heureux. Je n'avais plus du tout envie de réfléchir. La cloche, comme font toujours les cloches, me rappelait d'autres cloches, et ces cloches faisaient passer de mes oreilles au coin de mes yeux un tremblement qui ressemblait à un début de larmes. Brusquement je pouvais penser à Olga sans secouer la tête. Je ne comprenais plus, je ne voulais même plus comprendre pourquoi quelque chose en moi se refusait à aller la voir. Au contraire, Olga, c'était une espèce de Lune dont je me sentais la marée, presque.

Et, bien sûr, l'histoire que je mis à imaginer n'est pas bien maligne. Il aurait fallu qu'elle soit vraie. J'imaginai que quelqu'un avait créé le monde, et que ce quelqu'un ce n'était pas Dieu, mais Olga. Et savez-vous pourquoi elle l'avait créé ? Parce qu'elle avait besoin de moi. Elle l'avait créé comme une route pour me faire venir à elle, et je venais à elle aussi naturellement qu'un fleuve va vers sa source. Et vous tous, vous n'existiez pas. Vous étiez comme les cloches, comme les arbres et les murs, vous n'aviez pas d'autre sens que de me conduire vers elle, me retardant parfois pour faire durer son plaisir.

J'enfilai mon pantalon comme on enfourche une motocyclette. Je sortis de chez Rémy comme on plonge. Dehors, dans le bruit des cloches, je pensais au renouveau des figues, à la joie d'offrir un bouquet d'œillets rouges, et la lumière qui sortait de la peau des pierres était une manière que j'avais de sourire. Un pied suit l'autre et il se trouve que tout change, la Nature faisait craquer ses doigts vers Olga entre les pavés du quai aux Fleurs. Au moment précis où je ne percevais plus entre un tambour et moi que quelques différences de forme, la porte de l'appartement s'ouvrit et j'entrai chez la vache, un bouquet de fleurs à la main. (J'ai l'air de parler en désordre, mais c'est justement pour rendre le désordre de mon esprit à l'époque. Et puis, ce n'était pas près de changer, vous allez voir.)

Je nous revois un peu après, Olga et moi, dans sa chambre, elle couchée, les pattes de devant repliées, moi assis devant elle sur le tapis. Véronique nous avait laissés seuls, parce qu'elle sentait qu'Olga voulait être seule avec moi, et parce que je le sentais aussi. Je n'avais rien fait pour la retenir. On était bien seul, vraiment ; la chambre me semblait située si haut qu'en levant la main j'aurais pu gratter le ciel comme du carton, avec un léger bruit creux. On planait, et quand on pensait aux habitants de la ville, on aurait pu les enfermer dans une boîte d'allumettes, tellement ils étaient petits.

Olga regardait le ciel par la fenêtre, et dans le même esprit que je lui avais apporté des fleurs, je me mis à lui dire les quatre ou cinq choses importantes que je ne dis jamais à personne. Que rien ne m'effrayait plus, par exemple, que d'être lentement poursuivi sur une route par une coccinelle. Que j'éprouvais parfois dans les poumons une espèce de soif exaltante qui m'ordonnait de m'envoler, comme un arbre. Qu'à force de me taire devant une pierre, il y a très longtemps, je m'étais senti devenir Orphée, et que la pierre elle-même...

A la fin, Olga tourna la tête vers moi, puis doucement l'inclina vers la gauche, comme font les chats, adorable comme eux. Je ne pus retenir ma main, et il se trouva que je me mis à la caresser, sans penser à mal. Mais alors, ce fut à Jacqueline qu'elle ressembla en disant : « Oh... » d'une douce voix de gorge.

Une demi-heure après, comme le silence était devenu trop lourd et qu'Olga attendait quelque chose, c'est moi qui lui ai dit « Je t'aime », sans y penser vraiment, car à ce moment-là j'avais envie de lui prendre la main et je m'étonnais que ce fût impossible.

Il fallait tout de même que la chambre soit située très haut au-dessus de la ville pour que je dise ça à une vache, moi qui n'osais plus depuis longtemps le dire à une femme. Et naturellement, il fallait aussi qu'elle m'aime, sans ça je n'aurais jamais pensé à le lui dire.

Le soir, en rentrant chez Rémy, je vous assure que je me suis arrêté plus d'une fois dans la rue, ne comprenant plus rien à rien, et que j'ai grogné plus d'une fois : « Voyons, voyons. » Mais faible comme je suis, il était trop tard pour reculer. J'étais dans la toile. C'est ce que je pense maintenant, mais alors, je n'y prenais pas garde, au contraire, je faisais mon possible pour me persuader que je l'avais voulu, que je le voulais encore, et que j'avais toutes les raisons de le vouloir. Je n'aurais avoué à aucun prix que je m'étais laissé tomber dans un trou. J'avais séduit Olga, voilà ce que je préférais croire.

Pourtant, j'aurais dû me demander ceci : pourquoi tenais-je tellement à rentrer chez Rémy ce soir-là ? Était-ce vraiment pour y retrouver ma brosse à dents et mon pyjama ? Et j'aurais dû me demander la raison de ma panique secrète, quand j'avais compris qu'Olga croyait que j'allais rester la nuit avec elle. Une seule idée en tête, je n'avais plus pensé à autre chose qu'à m'en aller coûte que coûte, je ne savais pas pourquoi. Et maintenant que j'étais dehors, je n'avais plus que l'idée de rentrer chez moi et de dormir. Je m'arrêtais pile sous un bec de gaz à me dire brusquement : Voyons, voyons, puis l'image de mon lit se présentait et je me remettais en marche.

Rémy travaillait à je ne sais quoi sous sa lampe, il m'entendit passer dans le vestibule et m'appela. Je fus très aimable avec lui, comme pour lui dissimuler une faute. Il crut que j'étais saoul.

Le lendemain matin, les oiseaux me réveillèrent vers onze heures. Ils faisaient pourtant moins de bruit que les camions, mais mon esprit, si j'ose dire, avait des œillères qui l'empêchaient de s'ouvrir à la réalité des camions et de tout ce qui s'ensuit. Mon esprit s'entrebâillait un peu comme une moule et n'acceptait, à la place d'eau de mer, que l'évidence des oiseaux et des feuilles. Là-bas, au bout des oiseaux et des feuilles, Olga me regardait en souriant. (Oui, dans les bons moments, j'imaginais toujours Olga de face et je ne pouvais m'empêcher de la faire sourire. En réalité, elle ne souriait jamais. Une vache n'a pas de visage.) Courant presque pour aller lui dire bonjour, je ne pensais qu'à son sourire, et en la voyant qui ne souriait pas, après m'avoir ouvert la porte avec sa bouche, mon propre sourire s'effaça, et je ne pus me dissimuler une crampe au cœur.

Ainsi, il allait falloir tout faire passer par les mots. Tout. Et je sentis qu'en lui disant : « Bonjour, Olga », faute de sourire, rien ne passait par les mots. Rien, sauf peut-être une énorme gravité qui ne différait pas de celle du silence. Alors, de là à se taire...

C'est ce jour-là que je me suis tu comme jamais. Je me revois assis par terre, considérant les dessins du tapis, dans un bourdonnement d'oreilles. Olga me regardait. Parfois, les dessins du tapis me la faisaient oublier, et puis je me réveillais, par politesse, et parce que je sentais bien que c'était à moi de tenter quelque chose. Alors je prenais ma respiration comme un homme, lorsqu'il tombe dans un précipice, cherche instinctivement à ouvrir des ailes qu'il n'a pas. Je restais quelques secondes les poumons pleins, la glotte prête à l'articulation, et je cherchais éperdument un mot pour me sauver du vertige. Puis, je soufflais longtemps, remplacé par le silence de ce que je voyais devant moi sur le plancher.

Ça allait mal. Ça se précipitait. Ou plutôt ça gonflait. Un gros gâteau de rien bourré de levure et qui gonflait, voilà mon après-midi.

Vers le soir, Olga eut un mot très pénible :
« Dis-moi quelque chose. » Il fallait que je lui
dise quelque chose. Je la regardai dans les yeux.
La tête de cette vache n'exprimait rien. Par
contre, je me rendais compte avec angoisse que
j'avais une tête d'homme, et qu'il faut faire violence à une tête d'homme pour qu'elle n'exprime
rien. Le rien du tout, c'est ce qu'elle a le plus de
mal à exprimer. Je devinais le texte qu'Olga lisait
sur mon visage, et ce texte m'échappait, comme si
un étranger avait pris ma place dans mon corps.
Parce que j'avais l'air triste, je mentais. Je mentais par tous mes airs : airs de terreur, de bonté,
de pitié, de dégoût, d'amour, de satisfaction, de
refus, de sacrifice. On mentait sur mon visage
par tous ces airs qui ne m'appartenaient pas plus
que les vents n'appartiennent à la mer.

Un air plus fort me fit lever et marcher dans
la chambre en soupirant, j'aurais tout donné pour
un masque, je mettais ma tête dans mes mains
puis l'en retirais parce que c'était faux. En un
quart d'heure, je crois bien que j'ai exprimé tout
ce qu'un homme peut exprimer, et ça n'avait pas
l'ombre d'un sens. Ce quart d'heure passé, Olga
répéta :

— Dis-moi quelque chose.

Alors je dis :

— Mais...

Après « mais », je n'avais plus rien à dire.
J'étais à bout. Une colère sèche me montait à la

gorge. Tous les airs m'avaient déserté, sauf l'air hagard. Je vis par la fenêtre des lumières lointaines et des ombres chinoises. J'entendis les pompiers. Les mots Feu et Fête ne formèrent plus qu'un. J'entendis Olga prononcer mon prénom.

— Je suis malade, dis-je. Il faut que je m'en aille.

Olga prononça encore une fois mon prénom, mais avec une intonation douloureuse et scandalisée. La force de faire mal me revint et je me dirigeai vers la porte en disant bonsoir. D'un coup, Olga fut devant la porte, comme un obstacle. Je m'arrêtai, respirant très fort, les yeux ronds, et nous restâmes un instant face à face. Elle dit une troisième fois mon prénom.

— Qu'est-ce que tu veux ?

(Cette fois, je criais.)

— Je n'ai rien à te dire. Il faut que je m'en aille. Tu m'entends ? Il le faut.

— Pourquoi ? dit-elle.

Je ne savais pas pourquoi.

— Laisse-moi m'en aller, Olga. Je reviendrai demain.

Je pris sa tête par les cornes et je m'arrangeai pour libérer la porte. Je pouvais partir. J'eus un peu pitié d'elle, et je restai encore un peu, pour lui montrer ma bonne volonté, pour que nous nous quittions plus calmes, elle et moi. Quand je la crus résignée, j'ouvris la porte.

— Bonsoir, dis-je gentiment.

Mais elle n'était pas résignée du tout. Elle voulait comprendre. Je le sentis à la manière dont elle prononça une quatrième fois mon prénom.

— Mais... Mais il n'y a rien à comprendre, lui criai-je, excédé.

La porte ouverte, encore un long silence pour retrouver le calme. Puis, de nouveau :

— Bonsoir.

Cette fois, elle ne répond rien. Je sors lentement, sans cesser de la regarder, avec un sourire pour malade, un sourire d'espoir. La main sur la rampe, je la salue une dernière fois, puis je lui tourne le dos et descends l'escalier. Mon dos me fait mal. Je sens les yeux d'Olga dans mon dos. Je descends lentement pour ne pas fuir à toutes jambes. Pour ne pas rompre l'équilibre, le silence. Doucement. Me voilà en bas. Je sens déjà l'air du dehors.

Soudain mes cheveux se hérissèrent comme la foudre au sommet de ma tête. Olga hurlait mon prénom. Figé, j'entendis ses pas qui se précipitaient, et tout à coup un bruit affreux, un fracas épouvantable dans la maison silencieuse : Olga tombait dans l'escalier, roulait comme le tonnerre, se faisait horriblement mal, gémissait comme un oiseau. Je remonte. Elle est couchée sur le palier, peut-être morte, un peu de sang aux lèvres. L'idée de la soulever, de la porter chez elle dans mes bras est une idée folle.

Non, elle n'était pas morte. Je la haïssais d'employer des moyens pareils pour me retenir. Il fallut l'aider à remonter chez elle, avec des voisins trop stupéfaits pour protester, en chemise. Elle ne disait rien, elle était calme et lourde, et j'espérais vaguement que sa chute lui aurait fait perdre la raison. Je pus m'en aller presque aussitôt. Elle dormait. Comme par miracle, Véronique était revenue. Elle s'assit près du foin d'Olga, sans un mot.

Perdre la raison, il n'en était pas question pour Olga. Mais moi, non, je ne peux pas dire que je perdais la raison, mais ma raison ne me servait plus à grand-chose. Je la gardais en réserve pour plus tard, dans un fond de poche, comme un ticket de métro, tout juste bonne à m'aider dans mes déplacements urbains, voilà tout. Je ne pouvais plus m'en servir pour autre chose. Tout ça était trop gros pour moi, trop épais, vous comprenez. J'en avais par-dessus la tête. J'étais trop petit. Je me sentais petit comme un trèfle. Et il y avait des moments où je me sentais insouciant aussi comme un trèfle, comme quand je faisais ma première communion, mais cette insouciance était une élégante et mince cathédrale d'allumettes qu'il suffisait d'une image d'Olga pour écraser à plat, et alors, plus de moi, fini, rien que le poids d'Olga sans rapport avec aucune force musculaire connue. Je ne m'évanouissais pas. Je ne sais pas pourquoi je me relevais avec cette insouciance niaise qu'on voit à des boxeurs battus, incapables de mettre encore un bras devant eux pour protéger la tête qui pendouille sur leurs épaules, mais qui se relèvent et vont en titubant cueillir un boum supplémentaire. A ce moment-là, quelqu'un se décide à jeter l'éponge. Seulement moi, j'étais seul, il n'y avait personne près de moi avec une éponge. Si j'ose continuer ma métaphore, mon arbitre avait été mis avant moi hors de combat. Mon libre arbitre, comme on dit. J'avais tellement besoin qu'on me dise ce qu'il fallait que je fasse.

Ne sachant plus où poser les pieds de mon âme, je m'en consolais en posant un peu partout ceux de mon corps. Je n'habitais plus nulle part. Au cours d'interminables promenades, les amis qui me croisaient me trouvaient un drôle d'air. On me surveillait, sans que je m'en aperçoive ; on craignait une bêtise grave. Dans le parc de Fontainebleau ou à l'hippodrome de Longchamp, à chaque fois je tombais sur quelqu'un de connu, jamais le même, et à chaque fois, il me disait — ce qu'il fallait que je fasse ? Non — ce qu'il fallait que je ne fasse pas. A Versailles, c'est Nicolas que j'ai rencontré, un brave homme qui a été mon professeur dans le temps, et qui m'aimait bien.

— Mon ami, je ne vous reconnais plus... Vous, si gai, si insouciant, si poli...

L'insouciance ! Voilà le conseil qu'il me donnait, Nicolas, un autre c'était l'humour, un troisième le souci de mon œuvre, un quatrième et un cinquième et un sixième... Et Olga, dans tout ça ? Qu'est-ce qu'ils en faisaient ?

— Mais non, vous ne l'aimez pas, mon petit...

Je le savais bien. Mais Olga, elle, m'aimait, et à aucun prix je ne voulais lui faire du mal, et si à aucun prix je ne voulais lui faire du mal, est-ce que ce n'était pas ça, l'amour ?

— Vous savez bien que non. D'abord c'est une vache.

Leur logique me faisait rire, et quand ils me parlaient de Nature, c'était à se taper les fesses par terre. Je ne sais plus qui m'a dit que si on aimait les femmes plutôt que les vaches, c'était simplement par commodité.

Je les voyais tellement vulgaires, tous, que j'en devenais orgueilleux et muet. Je ne pensais plus. Ma mémoire, j'oubliais de m'en servir. Toutes mes facultés, comme on dit, cédaient la place à une grosse torpeur dans ma boîte crânienne. C'est ainsi que je me retrouve par exemple dans le parc de Sceaux, tout bête, à cheval sur un banc, sans savoir d'où j'étais venu, avec un homme qui me secouait l'épaule et que j'ai pris tout d'abord pour un énorme cerf-volant. Ce n'était que Benoît, le petit bonhomme...

— Allons, allons, tout de même, disait-il. Tu deviens fou.

Dans le métro, Benoît m'affirma que j'avais le droit d'aimer une vache.

— Mais tout de même, tout de même, rien ne t'y force !

Bien sûr que non, rien ne m'y forçait. Sauf justement que si je ne m'y forçais pas, Olga était seule au monde.

Il s'agissait de sacrifier Olga. Mes amis étaient pour. Véronique était contre. Moi, ni pour ni contre. Mais je ne trouvais rien de mieux qu'elle, à quoi j'aurais pu la sacrifier. Moi, peut-être ? Un homme comme il en est plus et plus. Ma carrière ? Ah, là là... Olga, elle, personne ne la remplacerait.

— Mais pourquoi ne vas-tu pas la voir ? Seulement la voir ? me demanda Véronique au musée du Louvre.

Oui, pourquoi ? Rien que d'y penser, je sentais la grosse torpeur s'épaissir. Pour l'en empêcher, je pris Véronique par les épaules et lui criai :

— Mais que veux-tu que j'en fasse, d'Olga ? Je n'ai rien à lui dire ! Rien à lui faire ! Pour moi, c'est... c'est...

Oh non ! il ne fallait pas dire cela à Véronique ! Il ne fallait pas dire ce que c'était pour moi qu'Olga : une ordure, Véronique n'aurait pas compris. Je me mis à pleurer dans son cou.

— Ecoute, Véronique, je t'aime. Alors voilà, Olga, je te l'offre. Je te l'offre.

Je n'avais rien à ajouter. Je répétais cela : je

te l'offre, et c'est drôle tout ce que je mettais dans ce mot. Un monceau, un camion de tendresse inacceptable, inutile comme cette offre même. J'aurais tant voulu que cette offre fût possible. Je pleurais à en mugir, et je crois bien que je mugissais vraiment, car un gardien à casquette nous flanqua à la porte tous-les-deux-Véronique. Et alors je me souviens d'avoir plongé dans ma torpeur, dans une nuit interminable où j'étais seul avec Olga, avec mon ordure, avec cette tendresse très lourde dont je ne savais pas me servir et qui n'avait aucune valeur.

À l'église Saint-Séverin, on m'a retrouvé à genoux, et je parlais au bon Dieu : « Oh, mon Dieu s'il vous plaît, opérez-moi. Coupez-moi cette ordure à quoi je tiens plus qu'à moi-même. » Rémy me fit lever, et à côté de moi il ressemblait à un chauffeur qui pousse lui-même sa voiture en panne, une main sur le volant.

À force de me réveiller un peu partout comme un bébé à qui sa mère joue des tours pendant son sommeil, il fallait bien que je me réveille un jour chez Olga. Tout d'abord, je ne compris pas bien. Je crus que mon cœur m'était monté dans la tête et que ma tête allait exploser. Mes yeux battaient aussi et la chambre se tordait gravement de bas en haut et de droite à gauche. Quelque chose d'étranger m'ordonnait de retrouver mon calme, ma lucidité, et je le fis en serrant la main droite sur un objet dur. Peu à peu, tout s'immobilisa. L'objet que j'avais dans la main droite était une corne, et je crus un moment que c'était une de mes cornes que quelqu'un venait de me couper. Mais je n'ai jamais eu de cornes, et ma main gauche était crispée sur la poignée d'une scie. La vache se trouvait en face de moi, dans un coin de la chambre, debout sur ses quatre pattes mais la tête presque au ras du sol, dans une attitude de défense et pourtant n'exprimant rien que douceur et tristesse. Il lui manquait une corne, celle de gauche. Je n'y étais pas du tout. Quelque chose me gênait aux épaules, et mes épaules se secouèrent sans le vouloir. J'entendis un bruit énorme, et lorsque j'eus réalisé que c'était mon prénom que quelqu'un murmurait à mon oreille, quelqu'un qui me tenait par les deux épaules, tout s'éclaira pour de bon. J'étais complètement nu. La voix du type qui me maintenait était celle de Gabon.

Mais je ne pouvais détacher mes yeux de cette vache devant moi. Non seulement je lui avais scié une corne, mais je lui avais taillé la peau un peu partout. Un bout était même à moitié arraché, il pendait comme un pan de chemise. Les tapis étaient saccagés, il y avait du sang en grandes flaques çà et là. Et tout ça, je le vis seulement dans la marge un peu trouble de mes yeux qui restaient fixés aux yeux d'Olga. Les yeux d'Olga ne me regardaient pas, ils regardaient quelqu'un d'autre à ma place, l'étranger qui venait de commettre cet acte insolite et compliqué, cet acte dont je ne connaîtrais jamais que les traces. Et ils le regardaient avec crainte, mais sans désespérer, et je vis peu à peu l'espoir remonter à la surface de la crainte, en même temps que je ne sais quel trouble dans les parties basses de mon corps se calmait. Quand elle fut bien sûre que l'étranger était parti, que c'était bien moi qu'elle voyait devant elle, Olga releva la tête, puis se coucha doucement.

Je me tournai vers Gabon. Son visage était dur. Lui non plus ne me regardait pas vraiment. Je voulus lui faire comprendre que l'étranger s'en était allé, et je souris. Il lâcha mes épaules. Mes vêtements étaient dans un coin, et j'enfilais déjà mon pantalon quand Véronique entra. Elle dit « Oh ! » et demeura toute droite. Gabon me fit passer dans la pièce voisine.

C'est drôle à dire, je me sentais bien, léger et plutôt enclin à la plaisanterie. Comme si on m'avait remplacé par un personnage tout neuf. Dans un fauteuil, je m'amusai à regarder Gabon aller et venir. Il était tellement nerveux et concentré que je pensai que ça ne lui ferait pas de mal si je lui adressais la parole.

— Alors, qu'est-ce que tu en penses ?

Il s'arrête, la bouche ouverte, le sourcil en broussaille, le souffle suspendu, comme une grenouille gonflée tout à coup d'un désir surnaturel de sauter sur moi. Il se retient, vire d'un seul bloc, reprend son va-et-vient, et, d'un pied sur l'autre, il dit :

— Je pense qu'il faut que tu voies un médecin le plus tôt possible. Voilà ce que je pense.

— Pahhh ! Mais non.

— Mais si. Tu es complètement !

— Je t'assure que je me sens très bien. J'ai eu une petite crise, mais c'est passé.

Impossible de calmer Gabon. On dirait qu'il est pris dans le tourbillon d'un vidage de baignoire.

— C'est passé ! C'est passé jusqu'à ce que ça revienne.

Je n'insiste pas. Il n'y a qu'à attendre que ça se passe, en lui. Je me mets à jouer avec un petit objet, qui se trouve être la corne d'Olga. Je ris.

— Il va falloir lui recoller ça. Avec une bonne colle à meuble, ça ne se verra même pas. Personne n'en saura rien.

Pâle et rigide tout à coup, Gabon n'ose pas se mettre en colère. Il sourit... Il sourit avec une telle application, un tel effort, que je crois entendre quelque chose comme le bruit d'une porte qui grince. Il me dit gentiment :

— Tu vas venir avec moi. Nous irons voir un docteur, et puis nous partirons à la campagne.

— Non, Gabon. Je n'irai pas voir de docteur. Et si je pars à la campagne, ce sera tout seul. Tout seul avec Olga.

Il fait un saut, et sa tête ressemble à une lanterne.

— Tu veux qu'on t'interne, hein ? C'est ce que tu cherches ?

— Mais non, Gabon. Je n'ai aucune envie d'être interné. Simplement, les docteurs me font rigoler, voilà.

Et je me mis à rigoler.

Le fait est que j'étais rudement fier de mon acte. Bien sûr, je ne me souvenais de rien, mais l'acte était tout de même là, gros et palpable dans l'ombre. Et je savais que ç'avait été un drôle d'acte, un acte qui valait la peine. Je me faisais l'effet d'un sous-marin qui remonte une minute en surface pour chatouiller les croiseurs. Ça allait bien une minute, mais le sérieux était au fond.

Aussi, je mis poliment Gabon à la porte. Véronique moins poliment, à cause de ses remontrances, et encore : quand je dis moins poliment, qu'est-ce qu'il vous faut. Non, je suis sorti avec elle, causi-causant, je suis allé avec elle jusqu'à Saint-Mandé. J'avais des pieds qui eussent calmé la mer, comme dit le poète. Dans ma chambre, Véronique murmurait encore :

— Ecoute, si c'est tout ce que tu es capable de faire avec Olga, je t'en prie, laisse-la tranquille...

Puis, elle s'endormit sur mon lit, apaisée par l'active patience dont j'avais fait preuve.

Et me voilà sur la pointe des pieds reparti chez

Olga. Oh ! je reconnaissais que Véronique s'était fait de cette bonne et douce vavache une image très belle et très digne. A cette image elle tenait comme à un prolongement de sa propre chair, et ça lui faisait mal que je l'abîme. Mais cette image, et toutes celles que je m'étais faites autrefois, c'étaient autant de figures qu'avait prises notre peur pour arrêter notre désir. Olga, nous ne l'avions jamais touchée, nous nous étions toujours arrêtés avant, comme ces gens qui sont sincèrement partis pour visiter un château historique et qui ne vont pas plus loin que le pavillon du garde en disant c'est bien ça, et ce que c'est beau. Voilà ce que je pensais en montant l'escalier défoncé par la chute récente de ma douce petite vavache, si à plaindre, si à plaindre, vraiment ! Se permettre d'être fragile, quand on pèse si lourd. J'ouvre la porte, la referme derrière moi et pousse le verrou. Tout ça va changer. Je connaissais le chemin. Je donnai à Olga un bon coup de pied amical et lui dis :

— T'en fais pas, vavache, attends un petit peu. Je reviens.

Et, sans allumer la lumière, je m'assis dans un coin. Silence. On ne me prendrait plus au piège des mots. J'avais décidé de rejoindre Olga par l'autre méthode. Et, bien sûr, elle ne m'avait pas si bien réussi, la première fois. Mais je me disais que c'était par un restant de peur, un restant d'attachement à la confortable vulgarité des Gabon et autres Véronique. Maintenant, j'étais tout à fait libre. Je n'avais plus qu'à retrouver l'état de grâce, cet état que les Gabon et autres Véronique nomment folie.

Huit jours après, la folie n'était pas encore revenue. Je crois que d'avoir mis tant d'espoir en elle l'avait chassée. Je n'étais plus malheureux, je n'étais plus malade, alors naturellement la folie restait chez elle. J'avais pourtant fait des exercices. J'avais, pendant des heures, gesticulé lentement d'une façon grotesque et sans signification. J'avais récité de longues listes de mots qui n'existaient pas, en essayant de les penser. J'étais parvenu à figer de longues chaînes de pensées, à m'y promener sans fin du premier au dernier anneau et, à l'envers, du dernier au premier. Je pensais jusqu'à des sept ou huit pensées à la fois. En vain. Par moments, je me sentais devenir intelligent, ce qui ne m'intéressait pas. D'autres fois, rien ne venait, qu'une espèce de vertige qui me faisait oublier mon but. Alors, ma lucidité, qui s'était tapie dans un coin sombre, sautait sur le vertige comme un chat et l'avalait d'un coup sans rien en laisser. Et quand ce n'était pas la lucidité, c'était le sommeil. Olga me regardait m'endormir ou m'arracher les cheveux, et sa patience était la seule chose dans tout ça qui fît un peu d'effet sur mon système nerveux.

J'avais bien pensé à refaire en toute conscience ce que je savais que ma crise m'avait obligé de faire ; j'avais pensé à couper la seconde corne d'Olga. Mais ça n'aurait servi à rien, parce que je me serais demandé pourquoi. Et même si j'avais réussi à mettre le pourquoi derrière un paravent, il serait demeuré présent dans l'acte, à l'état d'absence, et l'aurait rendu ridicule.

Véronique pleurait à la porte, Gabon, Rémy, Nicolas y parlementaient sur tous les tons. Le verrou restait vissé. Et pourtant, dans cet appartement où enfin nous étions libres de faire quelque chose ensemble, il ne se passait rien.

Si seulement Olga avait fait quelque chose pour m'aider ! Mais non, elle restait là, bêtement, à m'observer. Ça me désespérait de voir qu'elle ne comprenait pas ce que je voulais, comme si c'était à moi, pauvre homme, de le lui dire ! Comme si nous n'en avions pas fini avec les mots.

Dans mon désespoir, je me décidai pourtant à lui faire une petite conférence. Je lui racontai, en m'excusant, ce qui s'était passé l'autre jour. Je lui décrivis cette espèce de dédoublement, que j'essayais de reproduire ; je lui dis tout l'espoir que j'y mettais. Je lui parlai des « bons moments », de la clairière où nous les avions connus, et d'une sorte de clairière intérieure où il fallait que nous nous donnions rendez-vous. Au bout de deux jours, elle secoua la tête à droite et à gauche et cria en articulant bien, d'une voix plaintive et excédée :

— Mais je ne comprends rien à tout ce que tu me racontes !

Puis, elle ajouta, comme si elle découvrait seulement ce qu'elle venait de dire, un « oh » d'excuse pitoyable.

Et comme je restais là sans rien répondre, sans rien penser, l'air stupide, elle voulut raturer ce qu'elle avait dit, elle le voulut de toute sa tendresse et secoua la tête, mais ce qui sortit malgré toute sa tendresse, ce fut encore :

— Rien, rien, rien !

Au bout d'un moment, je toussai un peu, et je dis :

— Ah, bon.

Je le dis comme je le pensais. Ah, bon. Le jour suivant, la première pensée que j'eus en me réveillant fut encore : Ah, bon. Et jusqu'au soir, je ne pensai guère autre chose. L'effet produit dans ma tête par l'aveu d'Olga peut difficilement se décrire. C'était comme si tout à coup on m'avait empaillé. Quand on est empaillé brusquement, je suppose qu'on doit se sentir tout de suite bien plus calme. On regarde les choses d'un œil absent. On bouge sans effort, ce sont les autres qui s'en occupent. On est bien. Il se passe quelque chose comme ça aussi quand on avait quelque chose à dire d'urgent, de très important, et que soudain on ne sait plus ce que c'est. Quel soulagement.

Je baissais mon menton sur ma poitrine pour essayer de voir clair en moi. Mais en moi, je ne

Olga ma vache

trouvais plus rien de vivant. Plus rien que de la paille. Je regardais Olga qui, désolée, se taisait dans un coin : elle me paraissait elle aussi empaillée. Pour la première fois, nous avions véritablement quelque chose de commun : cette paille qui nous maintenait debout et gonflés.

La situation me semblait à la fois très claire et très obscure. Tout ce qui en moi avait été important jusque-là, et que je croyais concerner directement cette vache, — eh bien cette vache s'en lavait les mains. Comme on dit, je m'étais fait des idées... Cela, c'était clair. Olga était seule, j'étais seul. Je l'aimais bien, comme j'aurais aimé un chien très intelligent auquel n'aurait même pas manqué la parole.

Mais l'obscur, c'était qu'à cette solitude, qui ne me pesait plus du tout, je n'arrivais pas à retrouver ce que j'avais bien pu opposer. Qu'Olga n'y comprenne rien, passe encore ! Mais c'est que je n'y comprenais plus rien non plus. Je me souvenais bien qu'il s'agissait d'une relation entre la vache et l'homme, mais quoi ? Il y a forcément des relations entre la vache et l'homme, ce n'est pas un problème. Je me souvenais bien aussi que ces relations avaient eu pour moi quelque chose de gênant, mais la raison de cette gêne m'échappait. Le volume et le poids d'Olga, pourquoi m'auraient-ils inquiété plus que ceux, beaucoup plus considérables, de la Terre ?

Je sentais que j'avais pour ainsi dire renoncé à

Olga... mais voyons : Olga était là, et rien ne me forçait à dire que j'avais renoncé à elle. Je m'efforçais vaguement de retrouver une route qui s'était perdue, qui peut-être avait existé un jour, mais en réalité je n'en étais pas sûr.

Véronique et Gabon n'avaient plus aucune raison de rester dehors. Je les fis rentrer. Ils me regardaient toujours avec un drôle d'air. Ils avaient toujours peur de quelque chose. Peut-être allaient-ils me dire de quoi, et ainsi me renseigner sur ce que j'avais perdu. Mais non. Ils n'en savaient rien. Cet air qu'ils avaient pris, ils n'avaient jamais su d'où il venait, ni à quoi il pouvait bien répondre. Personne n'était plus au courant. Téléphoner à S.V.P., je l'aurais fait, certainement. Mais quelle question poser ? Que faire d'un point d'interrogation tout seul ?

Alors quoi ? On ne croyait tout de même pas que j'allais rester comme ça à me faire du souci, quand tout le monde, et même moi, ne trouvait plus le moindre petit chat à fouetter dans cette histoire. Pigeon, on peut bien l'être un moment, mais toute une vie, il y a de quoi rigoler. Ça faisait plus d'un an que je ne respirais plus, moi, à cause de cette vache qui n'en était, si j'ose dire, pas une. Une espèce de fureur rentrée m'emplissait extérieurement d'allégresse. Si on allait prendre des petites vacances à la campagne ? Gabon dit oui, Véronique sourit, Olga dresse l'oreille. En route, nous voilà partis.

C'était l'automne. On était bien. Ça rassurait tout le monde de voir la forêt perdre ses feuilles. On était de bonne humeur. Olga, cette pauvre vieille Olga, au lieu de lui casser la tête avec nos phrases, nous étions bien contents de la voir silencieusement brouter de l'herbe, après une si longue abstinence. Et toi, tu es contente de brouter de l'herbe ? elle répondait que oui. Dans le pré où nous l'avions découverte, il y avait un troupeau de vaches qui broutaient. Ça lui faisait plaisir de s'y mêler. Elle n'essayait pas d'engager la conversation avec ses petites amies. Pas si folle.

Pour ce qui est de la ramener à Paris, pas si fou, moi non plus. Il y a des choses qui ont des limites.

Le jour du retour était fixé. Boulot-boulot. La veille au soir, j'ai proposé à Olga de faire un petit tour jusqu'à la clairière. En partant, j'ai pris dans l'horloge rustique le fusil de chasse de Gabon.

Il faisait très noir. Nous ne causions pas. J'entendis Olga se tordre les pattes dans les trous en montant. Elle soufflait, moi aussi. En arrivant dans la clairière, la lune s'est levée. Tous les deux, on est resté un moment à regarder autour de nous. Les broussailles, l'herbe qui ne faisait pas de bruit. Je me suis approché d'Olga et je lui ai tiré deux coups de fusil dans l'oreille. Elle est tombée comme une grosse masse d'ombre dans le noir. Et puis je suis reparti.

La lune s'était cachée de nouveau et j'étais déjà

loin quand l'animal se mit à m'appeler doucement par mon prénom. Doucement, puis de plus en plus fort. Immobile, adossé à un arbre humide, je l'écoutais, hésitant à recharger mon fusil. Ce n'était pas la peine. Bientôt elle a cessé de m'appeler. Je n'ai plus entendu qu'un long mugissement de vache, de plus en plus faible. Et, enfin, le silence. Je suis resté là un moment, sans penser à rien, dans le noir. Et puis j'ai pensé à mon lit, et d'un coup de dos dans l'arbre derrière moi, je me suis mis à redescendre. J'avais appris à croire que je savais résoudre les faux problèmes.

1948

Les Campements

On campait le soir sous les toits, à une hauteur mesurée, entre des murs de matière légère. Les lumières n'allaient pas vers le sol ni vers le ciel. On les faisait jouer entre elles dans des labyrinthes. Les hommes et les femmes se touchaient peu, comme par des lucarnes. Ils enjambaient les rayons des lanternes.

On jouait à trois ou quatre des musiques à vent, très lourdes, et, pourtant, qui n'auraient pu incliner le plateau des balances.

Des choses creuses circulaient de main en main.

C'était partout un campement fragmenté, pas très proche du ciel.

On avait admis l'impossibilité de finir.

Les cadrans des horloges étaient irréguliers.

Souvent, on prenait ses béquilles et l'on marchait, à pas comptés, quelque temps.

On parlait peu, d'une voix claire, reprenant les mots comme des balles, le plus longtemps possible, à la manière d'un écho pensant.

De camp à camp, on passait sur des cordes

tendues, à plusieurs, quand le plaisir le voulait.

On organisait aussi des tête-à-tête, des repos, des solitudes, avec des cloisons mobiles.

Il y avait en toute circonstance une énorme dépense de tact.

Une prévenance discrète accompagnait les soucis, les soignait comme des cultures.

Des étoupes cernées de corne...

Dans l'air que les choses laissaient libre, on circulait autour d'elles.

*

Je me souviens de l'émotion qui nous prenait à voir, de loin, à travers un losange, la lumière d'un camp qui n'était pas le nôtre. Nous entendions les musiques, souvent interrompues, les rires, le bruit de conversations incompréhensibles qui ressemblait à celui des nôtres, et parfois...

Alors nous retournions nos yeux vers l'intérieur. Certains devenaient tristes. D'autres changeaient les cloisons, les toits. La musique reprenait, les jeux de mots, les identifications parcellaires : là-bas, ou ailleurs, on nous écoutait. Quelquefois, une corde de liaison se mettait à bouger.

*

Quelque part, des bocaux de verre, chacun pourvu de sa petite échelle et d'un quart d'eau très pure. Nous n'y mettions aucune grenouille. L'imaginer seulement nous semblait inutile ou à peine excusable chez un fou.

*

Fumer, pour nous, c'était, avant tout, donner un peu de consistance à la lumière. Nous rêvions de moyens analogues qui nous auraient rendu la musique moins contestable, et moins vague le regard de ceux d'entre nous que l'amour semblait troubler.

*

Nous nous arrangions toujours pour que rien ne fût éclairé totalement. Nos lanternes ajourées mettaient sur les objets autant d'ombre que de lumière. Cela nous fortifiait de savoir que la lumière et les choses, si étroitement unies en apparence, étaient au fond distinctes et toujours sur le point de se séparer.

*

Il fallait voir ce que nous avions fait des escaliers. S'ils menaient encore vers le haut et vers le bas, c'était sans le faire exprès ; ils nous intéressaient autrement. Chaque marche avait l'assurance de notre considération, se dérobait à l'escalier pour quelque usage local. Des plates-formes, supportées ou suspendues, les prolongeaient par-delà la rampe. Des panneaux supprimaient la perspective des cages. On soupait sur les paliers. Monter, descendre ne venait à l'esprit de personne. L'ascenseur bougeait, mais, nous semblait-il, du même mouvement que parfois nos baignoires.

*

Il y avait, au nord de la ville, un petit vélodrome sans toit. On y débouchait inopinément, le pied sur un dernier échelon, par exemple, ou par une faille dans la paroi d'un corridor. Le plafond, présent partout ailleurs, soudain manquait si on levait la tête. Mais il nous semblait avoir ainsi limité les dangers du ciel, par la permission que nous lui laissions d'exister là, comme une seule absence de couvercle, aussi parfaitement cerné, lui et ses astres, que la si fréquente petite coupole de carton peint.

*

Nous avions remplacé par une crainte plus familière notre dégoût pour le compact.

Le goût de maintenir un faible écart entre la chose et nous, cette passion qui nous faisait visuels, cette passion-crainte avait sa ressemblance dans le dehors. Plusieurs objets, construits ou ramassés, nous devenaient chers à tous, par ce même goût qu'ils semblaient manifester non seulement d'être

Les Campements

à part, mais de s'éviter soi-même intimement. L'air, la main, parfois l'homme les traversaient sans dommage, formant avec eux ces agglomérats instables, ces harmonies passagères à quoi le contrepoint musical, sans jamais y trouver son terme, donne machinalement naissance.

Nous connaissions de ces objets où l'on pouvait pratiquer la marche, à condition de boiter un peu de droite à gauche, comme de haut en bas et d'avant en arrière. Il y fallait tout à coup s'interrompre devant une porte et reculer avec elle avant d'arpenter du pied le compartiment vierge que ce pas en arrière nous ouvrait. Mais une fois entrés, la disposition ambiguë des cloisons ne nous permettait pas toujours d'affirmer que nous nous trouvions dans une ou, pourquoi pas, plutôt entre deux pièces. Cette incertitude nous était légère.

Nous rêvions d'une montagne de pierre qu'une érosion interne eût rendue caverneuse, fragile comme la mousse, praticable à des rois naturels que nous nous savions mal doués pour devenir.

Des choses merveilleuses ne devaient leur unité qu'à des systèmes de ficelles.

*

Quiconque par l'écriture prétendait rendre compte des campements, l'imparfait s'imposait à ses verbes.

La résolution que nous avions prise de demeurer irrésolus nous semblait, plus tristement que les autres, impossible à tenir. Une perfection, ni passée, ni présente, sous-tendait notre parole et l'utilisait à rendre lumineuse l'imperfection de nos mœurs. Force nous était de la rejeter dans un futur inattendu mais fatal. Après nous ne savions quel bouleversement, un simple déclic de l'imparfait, comme lorsque deux gouttes d'eau se fondent en une, nous rendrait capables de saisir ce que nous ne faisions qu'apprécier, accomplirait la promesse distante que semblaient nous faire les objets.

Ceux qui se refusaient à l'expérience de l'encre pressentaient vaguement l'avenir comme un incendie.

*

Nous éprouvions une difficulté toujours renaissante à admettre qu'une chose ne pût se passer d'un support. Simplement abandonnée à hauteur d'homme, l'expérience nous avait appris qu'une tasse vide ne tenait pas. Aussi, nous préférions la jeter contre une cloison lointaine. Bien des objets fragiles, pour finir du moins avec aisance, disparaissaient ainsi dans leur trajectoire.

La tension de deux ficelles horizontales suffisait parfois à nous donner l'illusion que la chose pesante qu'elle obligeait à rester en l'air s'y maintenait seulement par vertu.

*

Bien sûr, nous ignorions ces camions qui traînent derrière eux leur bruit comme une ferraille inutile. Mais la grosse caisse, au contraire, nous plaisait, car jamais, fût-ce même en tombant, nous ne l'avions entendue se désolidariser du son que tout événement pouvait tirer d'elle. Nous souhaitions à chaque objet de notre monde cette sourde impuissance à émettre un bruit qui ne fût pas l'expression de son caractère et, sinon la seule, du moins l'une de ses raisons d'exister.

*

Cependant, nous avions séparé les couleurs : l'oranger de l'orange, le bleu de l'outremer ou du ciel. Ce rouge avait son existence ; il ne se souvenait plus du sang. Le jaune avait cassé la coquille de son œuf et — peut-on dire que nous en disposions ? Non : nous les laissions passer.
Odeurs mêlées, l'odeur du bois, l'odeur du plomb.

*

Comment nommer cette chose ? Les caractéristiques dont il était incroyable qu'elle pût se priver sans périr, je les lui vis perdre tour à tour. C'est dire qu'elle se refusait au baptême ; seul ne l'eût peut-être pas trahie un nom capable de survivre au troc de toutes ses syllabes contre d'autres, un nom aussi qu'eût accompagné, comme un chien son maître, une particule excédentaire, irréductible mais changeante comme lui : car telle était la chose dont je parle. Ses perpétuelles variations s'expliquaient par le souci que nous avions de lui intégrer une pièce qu'elle s'avéra toujours incapable d'admettre sans du moins changer de structure et sans rejeter, d'un autre côté, telle autre pièce qui, partie de l'ensemble précédent, nous restait désormais dans les mains, comme du pain sur la planche.

Cette chose instable et provisoire passait d'un campement à l'autre, car sa localisation aussi nous inquiétait. Sans doute, elle eût trouvé définitivement sa place en un centre véritable, et c'était bien ce centre que nous ne cessions de lui chercher. Mais la mobilité des camps eux-mêmes retirait tout espoir d'en finir.

A son égard, jamais nous ne tombions d'accord sur un changement de lieu ou d'état qui nous eût semblé préférable. Pourtant, l'un d'entre nous avait le talent de nous rendre unanimes : c'était dans le scandale. Lui seul nous proposait la solution provisoire à laquelle aucun de nous ne se fût senti l'audace ni le goût de songer.. Mais à peine avait-il avancé la main qu'une illumination subite nous dévoilait à tous la malignité de son projet. Au spectacle qui suivait, nous rougissions. Nos compagnons d'un instant allaient jusqu'à s'exclamer. Lui, bientôt, nous abandonnait à la honte collective où nous avait confondus cette sorte de profanation, puis à la discorde que celle-ci ne manquait pas de laisser derrière soi, tant s'était fait puissant en chacun le désir de démontrer la supériorité de son remède personnel.

Ainsi nous échappait cette chose, et, sans la nommer, nous l'acclamions de loin, debout et en silence.

*

Les ustensiles qu'il nous fallait saisir, nous aimions leur trouver une anse, une prise à laquelle deux doigts à peine fussent nécessaires, une partie qui nous évitât d'avoir à soulever le tout à pleines mains.

Mais ces balles hautaines que nous nous écartions soudain pour voir rebondir entre nous, et dont un prodige d'élasticité escamotait sournoisement le poids réel, nous savions que, malgré l'apparent caprice de leur route et la majesté de leur démarche, ce serait au fond du trou, au lieu le plus bas de la ville, là où il nous écœurait de seulement imaginer leur tas inerte, que notre paume aurait finalement la charge de les ramasser, de les épouser creux sous bosse, avec la passion anxieuse de les redonner bientôt à la libre circulation des sommets.

Leur forme sans défaut les désignait à notre désir, mais aussi à notre pudeur, comme les promises de nos mains. Le sol plat, impuissant à rien accepter d'elles, sans attendre, à chaque essai de contact, les renvoyait dans l'air ; mais nous partagions avec elles, rien qu'à les voir bondir, la possibilité d'une tendresse immobile. Ce paradis, que nos yeux rêvaient pour le creux de nos mains, comment le creux de nos mains eût-il pu le supporter sans angoisse ? La balle trouvait son terme avec le poids des choses mortes. Cette perte de vitesse et d'avenir nous soulevait l'estomac.

C'est pourquoi nous avions résolu de ramasser les balles huit par huit et de les faire remonter en jonglant. La fuite de nos mains devant l'éventualité d'une jouissance morne, cette déception librement entretenue s'inscrivait dans l'air en une lettre mobile que l'œil, moins capable de gravité, reprenait allégrement à son compte.

Telle était notre expérience des balles.

❈

On se résignait à voir sans jamais toucher, car toucher n'avait pas de suite. Il eût fallu se servir non de ses doigts, mais de ses lèvres ; non de ses lèvres, mais de ses dents et de sa digestion. **Le monde n'eût pas fait de vieux os.**

Deux choses qui se touchaient sans pourtant se fondre comme les gouttes ou s'entre-dévorer comme les chiens, à quoi donc prétendaient-elles ? On les séparait avec de longues baguettes.

Superstitieusement, nous ajoutions des yeux à tout ce qui est aveugle et cependant nommable, de ces yeux qui savent si bien remettre à plus tard.

*

C'est par le trou d'une serrure qu'il avait aperçu celle qui plus tard devait le regarder par le trou d'une serrure. Au plus secret d'eux-mêmes, ils nommèrent cela leurs fiançailles.

Puis, elle passait derrière de lointains hublots lumineux. Lui s'arrêtait. On le voyait disparaître par des échelles, vers des combles mystérieux d'où il lui rendrait la pareille.

Il occupait ses loisirs à se préparer des lanternes.

*

Souvent, par les cordes de liaison, nous arrivait un fiévreux. Solitaire, toujours. Il venait de quitter un campement dont nous distinguions au loin les lumières. La corde bougeait encore.

Il nous regardait avec des yeux nouveaux, des

yeux d'espoir. Là-bas, semblait-il nous dire, ils ne savent pas s'y prendre. Leurs préparatifs n'en finissent pas. Nous, hommes et femmes d'un groupe stable, nous étions heureux de cette confiance que le solitaire nous témoignait. Nous nous remettions à notre ouvrage avec une hâte joyeuse, avec le désir et la certitude de faire mieux que les autres.

Mais le solitaire avait bientôt des gestes d'énervement. Nous n'en finissions pas, nous non plus. Déjà sa main empoignait une corde. Il était parti.

Alors nous faisions des signaux aux campeurs qu'il venait à peine de quitter pour nous, et ceux qui l'accueillaient à présent ne tarderaient pas à nous en rendre de semblables. Nous aimions nous sentir ainsi fraternels et, malgré la distance aveuglante qui nous séparait, savoir que nous en étions toujours, ensemble, au même point.

*

« Par un trou dans la muraille de mon costume, dit-il, je leur ai montré mon premier genou, puis ma main, puis mon œil, puis mon second genou, puis ma fesse droite, puis mon coude, puis mon troisième genou, mon quatrième et mon cinquième genoux, ma fesse gauche, mon pied, mon sixième genou, ma chevelure, mon septième genou, mon sexe, mon œil crevé, mon huitième genou, ma blessure, mes oreilles, mon sein, mon neuvième, mon dixième genou. Je suis l'homme aux genoux nombreux. »

*

Certains trop-pleins de baignoire avaient la propriété de nous transmettre de lointaines paroles. Nous aimions converser ainsi de baignoire à baignoire, et des amitiés purement acoustiques en naissaient, à travers une distance que personne ne pensa jamais à réduire.

*

Des fables circulaient, à quoi la langue et l'oreille se prenaient peu de temps, mais qu'il était bon de savoir recueillies sur papier, sur carton inflammable, ou confiées à une seule mémoire capricieuse qui plus tard les redirait tout haut. Il y avait la question du sable : tiendrait-il dans toutes les boîtes d'allumettes vides que nous rêvions d'envoyer sur les plages ? Quelqu'un remarquait tout à coup, et le camp se répétait de bouche à oreille qu'une boîte qui tombait faisait le bruit d'une boîte qui tombe. On disait : « Les escales ne sont que de plus grands navires. » Des groupes restreints se réunissaient autour d'une interrogation : « Quand vous étiez petits, avez-vous connu ce jeu qui consiste à donner des pierres au vent ? Vous donnez des pierres au vent ; le vent les emporte et longtemps après, lorsqu'il vous les rend, elles sont devenues poreuses, aériennes, plus légères que les feuilles mortes. Les poser à terre est difficile, et pour qu'elles y restent, il faudrait les mouiller sans arrêt. On ne peut plus faire d'elles ce qu'on veut. » « Les yeux, disait-on encore, sont une maladie de l'œil. »

De petits spectacles représentaient, sans sucre, sans eau, sans verre, un morceau de sucre qui fond dans un verre d'eau.

Mais rien ne comptait.

*

Nous perdions tout. L'espace était, autour de nous, ce qui permettait aux choses de disparaître pour un temps.

N'avoir avec nous qu'un escabeau sur trois nous plaisait ; ses frères se promenaient donc loin de nous, et s'il était là, nous le devions à la fortune. Parfois le bonheur nous était donné d'en trouver deux réunis. A les voir, cependant, on ne pouvait pas dire que chacun avait l'autre ; chacun avait un frère qui était là, et cela suffisait. Peut-être le troisième les rejoindrait-il un jour, au hasard d'une de leurs brèves escales. Quelle chance pour ceux qui assisteraient à cette rencontre ! Mais que ces tabourets fussent absents tous trois et tous trois séparés ne diminuait pas le sentiment que nous avions de leur fraternité aventureuse.

*

Seul, très haut, quand toutes les voix s'étaient éteintes on arrivait parfois devant un appareil. Immobile d'abord, on l'entendait presque aussitôt bouger. De son bruit net semblait naître un silence à chaque fois nouveau. On restait là, sans idées, sans gestes, à respirer lentement devant cette chose qui fonctionnait toute seule, depuis des temps lointains. Des câbles l'actionnaient, qu'on savait avoir traversé des distances, des nappes d'eau, de l'air.

La contemplation terminée, on se laissait lentement redescendre vers les voix humaines.

*

Loin de nous assurer contre l'incendie, nous entretenions déjà son éventualité comme un feu. Des courants d'air, des portes jamais closes appelaient la flamme à venir. La certitude qu'entre le derrière et le tabouret nulle flamme ne se déclare agissait en nous comme un ressort.

*

Si quelque chose, un jour, commença d'avoir lieu, quelque chose qui voulait « prendre », pour bientôt prendre forme et plus tard prendre fin, nous l'avons oublié très vite, nous ne l'avons pas ramassé, pas raconté ; nous l'aurions pulvérisé plutôt. Nous, à qui le séjour de la moindre des choses donnait la crainte de la retrouver collée. Rien n'avait commencé, puisque rien ne continuait rien dans aucune direction ferme. La Terre n'était pas notre sol, notre mère, et certains voulaient croire que nous passions sur elle pour l'alléger.

Les aveugles rêvaient à des murs qui n'auraient pas arrêté leur main.

*Confessions
d'un fumeur de tabac français*

PREMIÈRE PARTIE
(*Journal*)

PREMIÈRE JOURNÉE

J'ai cessé de fumer, il y a une demi-heure : le temps d'acheter ce cahier.

Ce n'est pas la première fois. Mais cette fois-ci a quelque chose de neuf : ce cahier neuf, précisément.

Je me dis que mon enthousiasme est puéril. Je me réponds : Quel enthousiasme ne l'est pas ?

L'envie de renoncer au tabac était en moi depuis longtemps, quotidienne, mais inefficace. Le souvenir de plusieurs échecs suffisait à la décourager.

Il lui fallait un secours, et je l'ai trouvé dans ce projet : faire la chronique de mon entreprise.

Ce n'est peut-être rien, cesser de fumer ; puisque, après tout, fumer n'est pas grand-chose. C'est peut-être une résolution vaine que je prends. Mais la résolution littéraire que je lui donne pour compagne en tout cas la rend soutenable.

J'allume une dernière cigarette et la laisse se fumer toute seule.

Un temps vient de se passer. Le mégot s'est éteint. Je reste un peu perdu. Mais mon stylo semble avoir profité du spectacle ; je le sens plus lourd entre mes doigts, en même temps qu'allégé par une sorte d'appétit. Comme si, pour sourire, je me servais de lui plutôt que de mes lèvres.

Attention ! On a sonné, on est entré, j'ai fermé mon cahier, je l'ai oublié, on est reparti... Tout à recommencer. Je suis seul de nouveau, mais ce n'est plus la même solitude que tout à l'heure. Je ne l'ai pas encore habitée, elle est toute neuve. La résolution que j'ai prise dans ma solitude de tout à l'heure ne tient plus dans celle-ci ; celle-ci la rejette avec la violence d'un vomissement. J'ai envie de détruire quelque chose, ma résolution périmée en rallumant une cigarette, ou mon paquet de cigarettes en prenant une nouvelle résolution, je ne sais pas encore, j'hésite... Mais j'hésite sur le papier : je suis sauvé. Colère de papier.

J'ai gagné. Ça marche.

Quand cette angoisse reviendra, je la reconnaîtrai. Je saurai comment faire. J'ai mon *vade retro*.

DEUXIÈME JOURNÉE

Entre autres tentations, aujourd'hui, j'ai bien failli me rappeler mes débuts sexuels et me dire c'était bien la peine, cette lutte, ces remords, puisque le temps m'a prouvé qu'un peu de temps suffit.

Ruse du démon : car je sais bien que le tabac ne disparaîtra pas de lui-même. Nul mariage, nulle impuissance en vue. Aucun changement de situation, ou de goût, à espérer. Tout dépend de moi.

Tant que mes tentations resteront aussi raisonneuses, pas de danger. Anciennes ou nouvelles, vos ruses sont puériles. Même la dernière-née, qui me fait croire plus puéril encore mon effort à les déjouer. Ce n'est rien : je tâte mon stylo dans ma poche, comme un chrétien son chapelet, et le diable s'envole, qu'il ait tort ou raison.

Mais des ruses plus troubles peuvent me cerner, si je ne m'en garde pas d'assez loin.

Cette peur de moi, par exemple. Cette présence insolite de mes mâchoires, comme de celles d'un âne qui marcherait à ma gauche. Cette peur que mon abstinence ne me rende plus malade que ma pipe...

Mon stylo et mon enthousiasme. Je ne puis plus préférer le tabac à son absence.

Car mon abstinence n'est pas seulement le négatif de mon goût pour le tabac. Elle exprime un autre goût, tout aussi positif. Non pas celui de m'abstenir (il existe aussi, faiblement), mais un autre, plus obscur, et que je voudrais éclaircir. Preuve que ce goût existe : mon enthousiasme.

TROISIÈME JOURNÉE

A ma portée comme un paquet de cigarettes, ce stylo, cet enthousiame continuent de me défendre contre les attaques du diable, d'autant plus fortes qu'elles sont plus bêtes. Paul Valéry, d'un magazine, me saute aux yeux, fumant, chez le coiffeur qui me taille les cheveux en brosse. Comment ne pas lui donner raison, puisqu'il est plus intelligent que moi ? Comment ne pas donner raison à tous ceux qui fument, puisqu'ils sont plus nombreux que moi ? La vérité ne doit-elle pas être universelle ?

J'ai gagné : il me suffisait d'écrire ma bêtise pour la désarmer. Et du même coup, je dévoile un des pièges de la cigarette. C'est toujours par imitation que l'on commence à fumer ; qui veut renoncer à fumer doit renoncer d'abord à son besoin d'imiter.

Si je doute encore, dans l'air nouveau que je respire, ce n'est plus que d'un doute léger. Son poids est celui de la plume avec laquelle j'écris, je le soulève quand je la prends, et je la prends par plaisir.

Ce n'est rien à côté de ce grand calme, de cette sensation de pureté...

J'ai une âme semblable à celle que j'avais, petit, la veille des vacances.

Et de même que le charme des vacances est moins de nous dispenser de nos occupations quotidiennes que de nous en proposer d'autres plus heureuses, de même, je sais combien la décision de refuser à mon vice son objet habituel perdrait de sa séduction, si l'espoir ne la soutenait de lui en trouver un plus convenable. (A récrire.)

En apparence seulement, il y a dans l'usage du tabac, outre ses inconvénients, quelque chose d'irremplaçable. Il faut que je découvre ce que c'est. Une fois défini, la conviction de retrouver ailleurs quelque chose qui le remplace doit devenir le moteur de mon frein.

Voilà ma tâche, voilà mon expérience, dont je veux faire ici la relation journalière.

QUATRIÈME JOURNÉE

Difficulté croissante à m'appliquer, à faire attention, etc.

Si j'ose dire : je m'envole. Et c'est d'autant plus charmant que mes ailes sont encore petites (à peine quatre-vingt-dix heures), comme ces ailerons dont on sait bien que ne se servent guère les angelots pour voler dans les toiles religieuses et qui, moins que les grandes ailes des anges, nous tentent d'oublier qu'ils volent surtout par amour. (A récrire. Détaché de ma pipe, je m'attache à mes phrases, semble-t-il. Je les aimerais longues, le plus possible ; à y perdre ce qu'elles voulaient dire ; à m'y perdre.)

Mon métier heureusement peu rigoureux me permet de m'abandonner tout à fait à cette impression de vacances qui...

Sans cette indulgence du monde...

CINQUIÈME JOURNÉE

Qu'est-ce que c'est que cette détresse violente ?
Plus jamais. Ne plus jamais fumer.

C'est ce « plus jamais » qui est insupportable, tout à coup. Ce trou sans fond.

Et pourtant je n'éprouve en ce moment rien qui ressemble à un désir de tabac. Non, c'est le : plus jamais.

Est-ce vraiment lui ? Appliqué à tel autre acte, me serait-il aussi pénible ? Ne plus jamais grimper à la corde, par exemple ?... Donc...

Ne plus jamais fumer.

J'essaie de me calmer, je me dis :

— Mais si, tu fumeras, une fois de temps à autre, lorsque tu en auras perdu l'habitude.

— Je sais bien. Mais peut-être est-ce à l'habitude que je tiens, davantage qu'au tabac. Et puis, ne plus fumer, sera-ce jamais autre chose qu'un acte de moins ?

— Rien ne t'empêche de lui en substituer un autre, que tu ne pratiques pas d'habitude. La pêche à la ligne, peut-être.

— Ce ne sera pas du tout pareil.

Voici donc déjà mis en doute un des plus forts prétextes de mon expérience : ce qu'il y a d'irremplaçable dans le tabac, c'est peut-être le tabac.

Quel spectacle, par exemple, ou quel jeu remplacerait la cigarette ? la rendrait inutile, ridicule ou scandaleuse ? Quel véhicule ? Quel sentiment ?

Et si je renonce à les découvrir, que reste-t-il de mon projet ?

Il reste que je suis le seul à m'entendre poser ces questions ; le seul à en souffrir, et le seul à le raconter. Il reste le plaisir de le raconter.

SIXIÈME JOURNÉE

Bien sûr, j'y pense trop. Je crains que cette occupation ne me porte à négliger les affaires courantes. Ma vie intérieure, elle aussi, a d'autres exigences ; il ne faudrait pas que j'en vienne à les oublier. Je pensais beaucoup moins à ce que je fumais qu'à ce que je ne fume plus.

Je me suis réveillé ce matin dans l'angoisse de devoir encore m'abstenir. J'en suis sorti par la pensée que même à l'ordinaire, n'y trouvant aucun plaisir, je ne fume jamais dans mon lit le matin. (« A l'ordinaire » m'a échappé. Ne plus trouver extraordinaire ma condition nouvelle.)

C'était dimanche. Le ciel, dehors, pendant la nuit, était devenu très pur. A la radio, la musique écoutée était aussi très pure ; comme le ciel, elle me sembla s'être éclaircie. Je ne lui trouvais pas ces obscurités, ces nids à poussière qui habituellement me fatiguent en elle, ou que ma fatigue y dépose. La musique m'absorbait au point que c'était elle qui disait : je, et non plus moi. Je reconnus, dans ce trouble, l'habituelle stupeur qui croît durant les premiers jours de sevrage. Mais pourquoi fait-il toujours beau temps lorsque je m'abstiens de fumer ?

La journée a passé sans trop de tourment, dans un sentiment d'étrangeté dont la séduction m'a dispensé de tout effort volontaire.

Vers quatre heures, j'ai pensé à mon cahier, et projeté d'y écrire, moins abstraitement, dans quelles circonstances la décision m'était venue, et dans quel rapport avec un certain besoin d'écrire ; comme si écrire fût l'équivalent cherché à l'acte de fumer ; besoin d'écrire et besoin de ne plus fumer s'épaulant, si j'ose dire, dans la rédaction de ce cahier. Vers quatre heures, également, j'ai pensé qu'il me faudrait écrire, en plus, pour bien faire, autre chose. Car si le tabac est matière à fumer, il ne peut passer que provisoirement pour matière à écrire.

Pourquoi ne pas parler, puisque j'en ai l'envie

Confessions d'un fumeur de tabac français 97

depuis longtemps, de Béatrice ? justement vers quatre heures, je me trouvais en face d'elle. Cela me distraira de mon souci, qui tournerait vite à l'idée fixe. Et qui sait s'il n'y a pas un rapport entre Béatrice et lui ?

Par malheur, je l'ai bien mal vue aujourd'hui. Je ne suis pourtant pas plus aveugle que d'habitude, au contraire. Au contraire, je vois mieux, et c'est ce mieux qui est de trop. Dans ma légère stupeur, mon regard a perdu, avec ses dents, son étroitesse. Je sais bien, à présent, que ce qui me portait, naguère encore, à regarder Béatrice, c'était un début d'amour (début d'amour comme début d'incendie). Aujourd'hui, je l'ai trouvée belle, mais sans que ma passion s'en mêlât. Belle, comme les briques... C'est drôle, lors de mes précédentes tentatives, les odeurs d'abord me faisaient basculer dans cet autre monde que la privation de tabac me dévoile ; cette fois, les couleurs s'en chargent. L'angle dessiné par la brique rouge sur le ciel de la fenêtre n'avait pas fini de me désarçonner lorsque du rose, de l'or et, s'en exhalant, une vague vapeur mauve : Béatrice, mal dégagée encore de son absence, apparut chez Camille.

Il y a dans les choses un accident semblable à l'amour en ce qu'il magnifie tel objet malgré lui. Un balai sale reçoit du soleil couchant une dignité. Béatrice, qui s'en passe fort bien, me sembla bénéficier plus qu'à son tour, l'après-midi durant, de cette investiture poétique à quoi le sevrage me rend sensible à l'excès. (Sensibilisation que je ne m'explique pas.)

Béatrice portait à l'annulaire gauche une pierre transparente violette ; le champagne, à sa main droite, était lui aussi transparent, mais jaune et animé de petites bulles : le contraire de la pluie ; dans ce liquide, un gaz pulvérisé tombait vers le haut ; chaque bulle reflétait le visage de Béatrice, petit et incurvé ; d'où une Béatrice buvable, en grappe. Le cristal de la coupe entretenait de loin avec l'or de la bague des rapports de tintement plutôt que de teinte ; la main, qui est longue et capable de bien des choses, supportait délicatement l'ensemble du breuvage ; mais d'être inutiles en cette conjoncture, les doigts semblaient se détacher, devenir à la main ce que les ongles sont aux doigts. Quant à la robe, couleur de pierre, je m'étonnais de cette pierre dont on avait sculpté invisiblement l'intérieur, et de la statue interne, Béatrice, dont seuls paraissaient, semblables aux doigts d'un gant dont la paume seule eût été à l'envers, les jambes, les bras et la tête à l'endroit, comme on a coutume de les voir. Les yeux de la tête étaient bleus, si larges et si vides qu'on se surprenait à chercher sur la nuque un orifice correspondant pour l'évacuation du regard. Mais mon regard à moi fit un long séjour dans l'iris bleu, pas triste d'une tristesse humaine (comme son immobilité sous une paupière un peu longue et lourde me l'avait laissé croire), pas gai non plus mais étalant sa richesse et la retenant à la fois en mille replis bleus et blancs semblables à des petits doigts crispés ou entrouverts, offrant et refusant ce trésor de couleur comme avec la peur que le soleil ne l'estimât pauvre, ce soleil qu'il s'agissait après tout d'attirer et de retenir au bord de la prunelle anxieuse d'être noire et de pouvoir soudain manquer de jour car le soleil est infidèle. (A récrire.)

Je n'ai pas dit tout ça à Béatrice, parce que le temps m'aurait manqué. Rien qu'à rendre compte d'un coup d'œil comme celui-là, on écrirait pendant des jours. Je pense qu'il vaut mieux pas. Et puis, mon ivresse de voir me retirait l'usage de la parole. Et enfin, Béatrice, c'est bien autre chose que ce dont je viens de faire la description.

Chez Camille, les visiteurs fumèrent beaucoup. J'essayai de comprendre pourquoi. Bien sûr, cela leur donnait une allure dégagée, distante. De cette petite fête, déjà sans importance, ils se déprenaient en fumant ; comme si ce nuage était tout ce qu'ils consentaient à donner, une aumône, rien de sérieux en regard des soucis profonds dont ils avaient le tact de ne pas faire étalage. D'un autre côté, on voyait bien que cette cigarette les accompagnait, à la façon d'une secrétaire, capable de sourire quelque temps dans le monde, mais prête à rappeler au labeur un patron trop distrait. Quitte, d'ailleurs, à le solliciter en sens contraire quand il travaillerait de nouveau. Car de même que le fumeur n'est pas tout entier à la conversation futile, puisqu'il fume, de même, si enfoncé qu'il soit dans son ouvrage, la cigarette signifie qu'une part de l'ouvrier en est absente. Une aile au moins de son âme est repliée. Crainte d'échec, peut-être, on aime fumer en travaillant, parce que cette satisfaction fausse, mais après tout moins fausse que celle du devoir accompli, ôte de l'importance à ce qu'on fait. A preuve : on s'abstient de fumer en faisant l'amour, en mangeant ; actes qu'on souhaite le plus important qu'il se peut, et qui requièrent trop de conviction pour que leur accomplissement s'accompagne du désir de faire de la fumée. (Le chewing-gum, qui opère sur l'homme la même abstraction, a le même emploi, est sujet aux mêmes réserves que le tabac. Personnellement, en plus, il m'empêche de penser, mais je crois que c'est à cause du mouvement des mâchoires, qui rend la parole difficile.)

Il y a aussi la petite comédie à quoi le paquet de cigarettes donne lieu ; faute de participer à mes états d'âme, ces gens m'offrent de participer à leur nuage. La petite comédie doit se jouer avec naturel, dans la détente : il faut surtout avoir l'air de n'attacher aucune importance à ces tubes combustibles qu'on donne et qu'on reçoit. Vous direz que ce manque d'importance est un fait évident, objectif... mais cela, justement, gardez-vous de le dire ! La société des fumeurs tient beaucoup à cette idée d'une chose importante, précieuse, et qu'on se paie pourtant le luxe de traiter comme la moindre des choses. Lorsqu'un fumeur, en vous tendant son misérable paquet, vous assure que ce n'est rien du tout, prenez-le au mot, montrez-lui qu'en effet vous méprisez cette ordure qui court les rues et n'a même pas le prestige de coûter cher : vous verrez comme il se vexera. Je n'ai pas commis cette bévue. Je n'ai pas cru devoir déprécier la marchandise dont voulait me faire profiter Valentin. Mon refus l'a pourtant choqué. Qui ne fume pas reproche au fumeur de fumer. C'est plus qu'un partage, c'est une complicité qu'il refuse. Le fumeur voit dans tout non-fumeur un gendarme dont il est le voleur. Le regard de Valentin s'est durci. Il n'y a pas eu d'éclat à ce propos, Valentin a simplement rempoché sa boîte, et la conversation ne s'est pas même interrompue. Malheureusement, je n'aime pas Valentin, je travaille quelquefois avec lui, et il faut toujours qu'il trouve que je ne travaille pas bien. Dans mon état normal, j'aurais supporté ses airs de supériorité ; mais aujourd'hui, il y a eu ce que j'avais déjà remarqué lors de mes précédentes désintoxications : dans ma stupeur uniforme et calme un trou, et par ce trou le surgissement d'une colère imprévisible et soudaine comme un éclair de chaleur. Valentin a reçu dans la figure le contenu de mon verre. Le verre lui-même s'est brisé ailleurs. Valentin a terminé la scène par quelques mots sans grande signification ; il n'a même pas eu, j'en suis sûr, le temps de les penser. Quant à moi, mon silence était devenu tel que je n'aurais pu sans impolitesse prolonger mon séjour chez Camille.

Je suis donc rentré. J'avais beaucoup bu, j'en ai profité pour écrire. A présent l'ivresse dissipée laisse reparaître la stupeur qu'elle dissimulait. Il me devient difficile non pas tellement d'écrire que de comprendre ce que j'écris.

SEPTIÈME JOURNÉE

Je parlerai du tabac plus tard. Pour l'instant, je n'ai pas envie d'y penser. C'est son absence qui m'intéresse.

Il y a dans mon abstinence des traces de mérite ; comme si elle était volontaire ! Comme si elle était le résultat d'une victoire sur soi-même !

Aveu : rien n'est plus facile que de cesser de fumer. Le fumeur aime à se mentir sur ce point ; cela fait partie de son plaisir. La force de l'habitude et la force de la volonté sont complémentaires et n'existent pas.

La stupeur croît. Mes yeux s'agrandissent et se fixent sur rien.

Je me sens comme une bouteille d'éther débouchée.

Je suis comme décapité, le sang de mon cou bu par un ciel d'étoupe.

Extrait d'un troupeau déchaîné, un bœuf se calme tout seul dans son étable. Retirée de la tempête, une vague. Dans un vase.

Quelque chose se ferme et empêche de passer ce qui passait. Il est connu, d'ailleurs, que la privation de tabac constipe, et mon pouls s'est nettement ralenti. Mais ce qui ne passe plus, ce n'est pas seulement cela. C'est moi-même à travers le monde. Progressivement, devant mes yeux, les objets ont pris cette allure d'être immobiles pour le plaisir d'être immobile, qu'on voit de tout près à un lampadaire lorsque le train s'est brusquement arrêté.

Quand le train s'arrête, nous surprenons en nous l'attitude par laquelle nous répondions à sa vitesse, et qui lui survit un instant. Je dis : attitude... il faudrait un nom moins net à cette chose qui n'en a pas.

Et de même que la vitesse du train ôtait aux lampadaires beaucoup de leur réalité : en les multipliant sans les réunir en un groupe, de même ce « mouvement humain » dont le sevrage me prive diminuait la réalité de tout.

HUITIÈME JOURNÉE

Je dirais volontiers que je suis suspendu de mes fonctions. Oui : d'une part je me sens *suspendu*, c'est le mot ; et d'autre part, je ne *fonctionne* plus — mais là, ce qui n'est pas exactement le mot, c'est : « je ». Mieux vaudrait dire : « ça » ne fonctionne plus parce que justement « je » suis détaché du fonctionnement.

L'état normal consistait à ne rien attendre des choses, indifférentes en elles-mêmes ; à leur donner une place dans un ensemble qui les changeait, comme l'harmonie change les notes. Pour moi, maintenant, les notes sonnent détachées. Avare, non seulement je leur refuse leur valeur, mais j'attends d'elle comme une nourriture. Et le plus étrange est qu'aucune ne me la refuse.

Si j'attends tout des choses, rien d'étonnant que leur absence les fasse totalement disparaître. Sur la table de l'oiseleur, des petits tas de grains préfigurent ses pigeons absents. Mais moi, le lait dont je pourrais m'apprêter à nourrir mes choses absentes, et qui ainsi m'en tiendrait déjà lieu, ce lait s'est congelé. Béatrice ailleurs, je n'ai plus rien d'elle, puisque s'est bloqué le mouvement de mémoire qui me portait vers elle et dans lequel je la voyais prendre forme, comme se forme un poisson dans les vagues. Tant qu'il y a de la mer, il y a un espoir de poisson ; mais un poisson ne fait pas l'océan.

C'est pourquoi je ne puis parler de Béatrice aujourd'hui.

Le sentiment de mérite qui succède à certains actes, et notamment aux actes volontaires, est le signe qu'ils ont été accomplis par soumission à une autorité dont on attend quelque récompense.

Cet après-midi, rester sans bouger, sans penser activement, pendant des heures, je le peux ; cela ne me semble plus répréhensible. Je ne crains plus d'encourir les blâmes du monde.

Comme si j'avais payé ma place.

NEUVIÈME JOURNÉE

Mes impressions ne sont pas réellement plus vives que d'habitude, mais elles m'éveillent différemment. C'est un éveil en sens inverse, dans le sens du sommeil. Telle odeur n'est plus vécue ici et maintenant, reconnue par le simple fait qu'elle n'étonne pas, qu'elle n'est pas nouvelle ; elle est vécue comme faisant partie d'une autre époque, d'un autre lieu. Époque et lieu que j'ai généralement du mal à reconnaître.

Ce n'est jamais une forme qui provoque cet éveil, mais ce qui est séparable de la forme : couleur, odeur, lumière, matière, mouvement. Sans doute parce que la forme n'est qu'un parti pris de perspective et une date. Peu importe donc de pouvoir ou non rattacher l'odeur, la couleur à telle ou telle forme, lieu ou date. L'important, c'est qu'elles sont détachées de la forme, de la date et du lieu présents.

Cette mémoire, appelée par certains mémoire proustienne, est le contraire de la mémoire.

DIXIÈME JOURNÉE

Dixième jour, déjà. Les troubles physiologiques devraient diminuer plus vite. Je ne me plains pas : ils me distraient. Quand je ne pourrai plus compter sur leur aide commencera la vraie difficulté : celle de ne voir dans l'absence de tabac que ce qu'elle est : rien du tout. Il faut m'y préparer.

Voici les avantages matériels que j'attends de mon abstinence : disparition de la fatigue matinale et du manque d'appétit ; disparition de la toux ; récupération d'un odorat vierge ; enfin, suppression du désagrément de fumer.

Ils compteraient peu sans l'avantage moral suivant : le tabac est une occupation ; il dispense d'en chercher d'autres. Ce matin, l'oisiveté me pèse. Je disais le contraire avant-hier, mais la contradiction n'est qu'apparente. L'oisiveté qui me pèse aujourd'hui reste innocente.

Le problème est de substituer au tabac une occupation qui vaille mieux. Aucun travail ne me semble mériter que je quitte pour lui ces feuilles où mon abstinence prend figure.

Mais voici que me revient en mémoire un rêve très court de cette nuit. J'étais en face de Béa-

Confessions d'un fumeur de tabac français

trice à la table d'un café. Nous ne causions pas. Je faisais une découverte surprenante : Béatrice louchait. Comment ne m'en étais-je pas aperçu plus tôt. Puis, je me posais intérieurement la question : Mais sur quoi donc louche-t-elle ? et alors une angoisse me prenait : Béatrice louchait sur une cigarette que j'avais à la bouche, que j'y avais oubliée. Pour fuir mon angoisse, je pris le parti de feindre que cette cigarette était volontaire, et pour fortifier mon mensonge, de demander à Béatrice du feu. Alors elle me tendit la bague violette dont j'ai parlé, et je plongeai dans son eau le bout de ma cigarette. Au lieu de prendre feu, le tabac prit froid, un froid de glace qui m'envahit jusqu'à l'os. C'est ce froid qui m'a réveillé.

Je me demandais l'autre soir s'il n'y aurait pas un rapport entre Béatrice et le tabac. Ce rêve en est un. Et je dois avouer que l'un et l'autre sujet excitent presque également, à cette heure, mon besoin d'écrire. Peut-être vaudrait-il mieux réserver à chacun son cahier. Peut-être pas.

Je crois être certain que Béatrice ne fume pas, et pourtant, mon souvenir me l'a souvent représentée une cigarette entre deux doigts de la main droite. Et je pense qu'en effet cet accessoire lui serait d'un grand secours : au bord d'un toit, le tabac comme le sommeil doit distraire du vertige.

Or Béatrice est sujette au vertige, même dans

les endroits où personne ne craint de tomber. Son vertige est un vertige de salon.

Rarement il la fait tomber tout entière. De préférence à elle, il saisit des objets qui l'environnent : verres, bibelots, cendriers, danseurs quelquefois. Elle-même n'en est affectée que localement : ses gestes sont des petites chutes.

Sa main, pour vous dire bonjour, comme un avion dont le moteur s'arrête, commence par planer, le temps de repérer son point d'atterrissage ; et si elle se pose enfin sur la vôtre, ce n'est jamais absolument à l'endroit qu'il faudrait. Ses pieds tombent de même devant elle, assez régulièrement pour qu'on puisse dire qu'elle marche. Immobile, son attitude semble le résultat d'un accident qui se fût tout aussi bien terminé par la dispersion de ses membres. Avec plus de désordre, elle est immobile à la façon des cascades.

On dit que Béatrice n'est pas adroite. On se demande si cette maladresse vient d'une négligence qui lui serait naturelle, et comme d'une faiblesse de jugement ; ou si plutôt elle ne serait pas une sorte de ruse, un truc dont Béatrice attendrait quelque chose ; comme des saccades d'une manivelle on attend la mise en marche d'un moteur.

Les uns préfèrent s'écarter d'elle, la trouvant dangereuse ou décidément trop gourde. Les autres, plus nombreux, se prennent à ses difficultés. Épineuse, en les maintenant à distance, elle se les attache. Ils éprouvent pour elle un sentiment de respect, une générosité faite de convoitise et de dégoût, comme en inspirent certains papillons de grande espèce. Comme ceux-ci légère et lourde, ses évolutions dans les appartements d'autrui évoquent le vieil aéroplane. Splendide et cependant disgraciée par on ne sait quel inachèvement, elle atterrit, s'écrase dans les sièges les plus bas, les moins confortables, et là, muette au centre des causeries, ne bouge plus qu'envahie par le mouvement d'un rire général. Seul son visage, à ce moment, lui échappe, les yeux plus bleus et plus aveugles, la bouche plus mince, presque disparue, partageant d'un trait horizontal le losange de son rire, dont on voit bien qu'elle en a honte, qu'elle le renie, s'en estimant défigurée.

Très grande, il lui suffit de paraître pour qu'un tri s'opère parmi les hommes ; beaucoup se sentent éliminés, à cause d'une petite taille ; et peut-être la gaucherie de Béatrice s'explique-t-elle en partie par cette fatalité qui pèse sur elle de ne pouvoir entrer dans une société sans en rompre l'ordre. Comment s'y sentirait-elle innocente ? Elle n'a pas le droit d'y imposer cette échelle de grandeur avec laquelle il lui faut pourtant bien se déplacer, comme l'aéroplane avec l'encombrement de ses grandes ailes. Elle n'a reçu de personne l'autorisation d'être, non plus, si blonde. Ses cheveux, elle les fait quelquefois couper très court ;

mais ils repoussent avec tant de promptitude qu'elle se résigne en tremblant à leur longueur insolente.

En plus, certains prétendent lui avoir trouvé une ressemblance avec un poisson mort. C'est peut-être qu'ils ont peur d'elle, et l'on dira qu'elle perdrait vite cette propriété d'effrayer vaguement, si quelqu'un, une bonne fois, venait à lui manquer de respect.

Je souris à de telles supputations. Aimer Béatrice ne m'a jamais paru souhaitable, et je me demande pourquoi j'ai écrit le contraire dimanche dernier. Qu'est-ce que l'amour lui ajouterait ? Ce n'est pas que je pense à la tuer. Non, lorsque je la vois, je ne sais plus quoi faire de mes mains ; les bras me tombent le long du corps. Quoi faire ? De même qu'ils n'ont pas la prétention de voiler la hauteur de sa taille, on dirait que ses vêtements ont renoncé à faire oublier qu'elle est nue ; je ne pense pas que la déshabiller me rendrait sa nudité plus supportable.

Car, dans une certaine mesure, oui, Béatrice m'est insupportable. Elle me tente et c'est même la tentation la plus forte que j'aie jamais éprouvée. Mais tentation de quoi ? Une tentation sans terme possible, sphérique, contente par soi-même ; une incongruité amère.

Revenons à mes cigarettes fantômes.

Je me retiens difficilement de trouver mauvais ce dont je ne veux pas pour moi. Je dois me familiariser avec cette idée qu'une cigarette reste une bonne chose, à condition d'être fumée par un autre.

Ainsi peut-on avoir sur Béatrice des points de vue moins discrets que les miens.

ONZIÈME JOURNÉE

La cigarette creuse, avec son bout allumé, un terrier dans lequel il est possible d'oublier l'urgence du monde. Il y a de la magie dans cette petite chose dont on ne parle pas. Ce soir, dans le métro, à la pensée que je n'allais pas fumer, il m'a soudain paru qu'il fallait un grand courage pour accepter le monde comme ça tout de suite. Tant qu'on accomplit cet acte futile, on se sent dispensé de vivre sérieusement, c'est-à-dire comme si on existait, comme si on était né. Non par ses effets, mais par sa combustion même, le tabac est l'oubli, comme l'alcool.

L'intérêt croissant que je porte au monde, aux choses et aux personnes, fait que je les reconnais de moins en moins.

Les visages, notamment ceux que les moyens de transport font défiler devant moi, ces visages me parlent comme des signes ; ils m'ont tout l'air de manifester une intention, comme s'ils étaient le moyen d'expression d'un seul être caché... Mais ce discours s'adresse à qui ? Si je répondais : A moi ? Ce serait une maladie mentale ; et pourtant, s'il ne s'adresse pas à moi, je n'ai aucune raison de chercher à le comprendre.

Le visage de Béatrice, un peu penché vers la droite comme les lettres de mon écriture ou à gauche tout à coup lorsque la tête ne sait pas quoi répondre et voudrait se détacher des épaules pour gagner vers le haut le droit de n'être plus questionnée ;

son visage qui respire mieux de profil mais n'ose pas s'y tenir parce que ses yeux, appréciant votre regard à sa plus haute valeur, savent qu'ils ne seront jamais trop de deux pour l'accueillir et n'en rien laisser perdre ;

son visage incapable de trouver l'équilibre qui consisterait à faire front et, dans sa recherche de ce juste milieu, oscillant sans cesse de l'un à l'autre profil perdu ;

le visage de Béatrice dont les lèvres minces semblent se taire à cause de ses yeux trop grands pour n'en pas dire déjà trop, malgré l'épaisseur des paupières et leur lourdeur, prétexte à ne jamais se relever tout à fait ;

ce visage discret en bas, glorieux en haut, ce visage semblable à quelqu'un qui a fait un pas de trop, et que, des coulisses d'un théâtre, son élan a poussé sur la scène où il s'immobilise, partagé en deux tranches d'égale épaisseur par l'envie de faire bonne figure et celle de disparaître (mais la chevelure blonde attire les yeux plus fata-

Confessions d'un fumeur de tabac français

lement que ce visage dont elle essaie en vain de voiler quelque chose) ;

ce visage lourd de sens, enfin, je me demande en quoi tout ce qu'il veut dire me concerne. J'en suis gêné. Quand je le regarde, j'ai l'impression d'avoir quelque chose dans l'œil.

Comme un mal blanc, la cigarette est un phénomène personnel, intime ; mais c'est aussi une manifestation sociale : suçoter ça en public ne va pas sans une sorte de toupet viril. On imagine difficilement une offense plus vive que de faire sauter des lèvres de quelqu'un la cigarette qu'il fume.

Aucun rapport entre les choses qui me frappent l'une après l'autre.

Ce vague que j'éprouve, cette dispersion apparente de mes forces, je dois me garder de leur opposer la précision, la densité du tabac incandescent. Le remède à mon malaise ne serait pas ce caractère physique de la cigarette, mais son alcaloïde.

Une tentation est de prendre ce malaise pour un besoin naturel, pour une soif.

Montaigne rapporte le cas d'un gentilhomme qui avait sans dommage renoncé à boire quelque liquide que ce fût.

Peut-être ce qui nous fait paraître une chose agréable n'est-il que la croyance, parfois illusoire, en son utilité. Peut-être encore l'utilité plus ou moins grande que nous trouvons à une chose est-elle seulement le signe de la plus ou moins grande passion qui nous attache à elle.

Pourquoi se détacher du tabac, si l'on peut se détacher de tout le reste ?

Ah ! il ne fallait pas penser à tout ce reste. A ce « pourquoi pas » béant comme une paire de mâchoires. Maintenant, il me semble que c'est une prison que m'ouvre, et où me pousse, mon désir de me libérer. Une voix me dit que, dans cette direction, je ne saurai bientôt plus où poser les yeux.

Je pense à ma pipe comme à l'instrument qui me permettrait de me retrouver moi-même.

Se retrouver soi-même ! Mot d'ivrogne.

Boire et manger en un seul acte ! Peu à peu, biberon par biberon, ce lait qui devient de l'eau a perdu toute son énergie. Et c'est pour toujours : on ne boit plus de lait. Il y a bien le stout, mais il m'attaque l'estomac.

DOUZIÈME JOURNÉE

Mon expérience piétine, faute de se transformer en recherche. Ça va très mal. Impossible d'en rendre responsable cette puérile abstinence. Et pourtant il me semble que si je me remettais à fumer...

La gravité de mon état m'interdit de songer à la futilité d'un tel remède.

Ecrire.

Comme si je devais à mon abstinence la découverte que j'ai faite ce soir de la rue Cambronne ! Une si belle rue. Je ne savais pas que Béatrice y demeurait, et là, soudain, devant une boucherie hippophagique, sous la tête d'or du cheval, sur un fond rouge, sa chevelure d'or... je me suis arrêté. Nous nous sommes remis en marche côte à côte. Je ne parlais pas, absorbé par une hypothèse plaisante : est-ce que les chevaux n'auraient pas décidé tout seuls de se retirer de la ville, ou plutôt sous la ville, dans une demeure souterraine ; et de là, remontant à la surface par des couloirs réservés, de réapparaître çà et là dans ces petits théâtres rouges surmontés de leur propre tête coulée en or, pour y jouer le rôle qui leur plaît le mieux désormais, ce rôle de viande ? — J'ai la conviction que les idées de cette sorte me viennent d'ailleurs que de mon cerveau.

Béatrice m'a quitté avant que j'aie pu rien trouver à lui dire, dont elle aurait tiré profit. On la considère assez naturellement comme un accident à réparer ; moi, non, irréparable plutôt.

Pourtant, il me semble que de ne pas fumer me rapproche d'elle. Mais sans la désirer ; ce serait plutôt le contraire du désir ; un besoin de la côtoyer plus intimement, qui ne se satisferait pas d'un vis-à-vis, si intime soit-il. Je ne trouverais pas coupable de la désirer, mais j'ai pour l'érotisme, ces temps-ci, une certaine répugnance. Du refus de fumer résulte un refus plus général de toute passivité. La cigarette contribuait à faire de moi un de ces êtres que l'on cueille.

Je me laissais aller dans le courant de la nicotine comme il faut se laisser aller dans la musique.

En écrivant « nicotine », encore une étrange image surgit en moi : l'image d'une machine profonde, volcanique, menée (dirigée) de la surface par ce petit bouton de feu... Les bateaux à vapeur, comme détenteurs d'une force énorme et inépuisable, venue dirait-on du centre de la terre, ces bateaux infernaux parce que automobiles, s'opposent aux navires à voiles, qui n'avancent qu'à la faveur d'un accord paisible avec la nature.

Un vapeur qui se prend pour un voilier n'avance guère... mais en lui le travail de la rouille, plus grave que celui du feu...

Et, ce soir, me promenant le long des boutiques allumées, je sens qu'il s'en faut de très peu que je ne passe de l'autre côté du comptoir, tout à coup transformé en ce boucher ; et lui, devenu moi, insensible au tour de passe-passe, n'aura peut-être pas même un regard pour me voir disparaître, devenu lui, dans la foule.

Ce doit être cela, cette sourde et constante menace de devenir ce que je vois, qui donne à ce que je vois son étrangeté.

TREIZIÈME JOURNÉE

Mais non, ce n'est pas ridicule de parler de Dieu à propos de tabac. Il ne faut pas mêler l'idée de vérité à l'idée de salut. Sur le plan du salut, il se peut bien que la question du tabac ait pour moi plus d'importance que n'importe quelle autre.

J'avais regret de la quitter, hier soir. On a toujours regret de quitter Béatrice. Mais j'en étais sûr : elle ne resterait pas seule bien longtemps !
Elle se montre beaucoup dans le monde, et on se demande pourquoi. Elle n'y manque aucune réception ; dansante, familiale ou littéraire. Elle y va de plein gré, personne ne l'y force, et c'est toujours la même comédie, au terme de chaque soirée : tout en elle signifie qu'elle est encore une fois venue en vain, que personne n'a su lui donner ce qui l'aurait comblée, et cœtera. Mais qu'est-ce que c'est ? Si elle ne le sait pas, pourquoi nous reprocher à nous de ne pas le savoir ? Est-ce que nous lui avions promis quelque chose ? Voilà qu'elle nous emplit de remords. Il y en a qui trouvent que ce n'est pas juste, et qui lui souhaitent bonne nuit. Vous voyez bien, disent-ils, que Béatrice a besoin d'être seule. Et ils lui conseillent de dormir davantage. Tout le monde la raccompagne chez elle et s'en va. On parle d'elle, croyant qu'elle dort. Et au bout d'un moment, on

s'aperçoit qu'elle a suivi tout le monde. Elle restera la dernière, avec sa mélancolie muette, et toute seule, avec son désespoir, cherchant en vain autour d'elle quelqu'un à qui exprimer son désir d'être seule.

En rêve, cette nuit, j'approche d'une grande place qui rappelle la place de la Bastille et la place Daumesnil. Au centre, une immense cigarette, érigée comme une colonne. De près, on voit que le papier de la cigarette géante est traité en grosse toile rigide. Une troupe de jeunes révolutionnaires veut allumer cette colonne. Les cigarettes sont-elles faites pour être fumées, oui, ou non ? Celle-ci donne le mauvais exemple à ses petites sœurs : l'émancipation des cigarettes n'est pas loin, si l'on n'y met bon ordre. Je vais assister à la Prise de la Gauloise. Mais des agents de police sortent de leurs petits commissariats, que dissimulaient les lions de bronze de la fontaine. Leur arme est le bon sens : « Que ferez-vous, disent-ils aux jeunes gens, quand elle sera brûlée ? Par quoi la remplacerez-vous ? Songez que la Régie Française n'en a pas des paquets en réserve, et qu'elle n'en fabriquera plus d'autres ! » Cependant, tandis que ces considérations nous pénètrent d'une grande tristesse, des fanatiques ont déjà escaladé la Gauloise ; une lourde fumée noire obscurcit déjà notre ciel. Elle se résout en une pluie de goudron, et pendant qu'une faible partie de la foule trouve un abri sous les petits lions, je prends la fuite avec le reste.

J'étais si triste en me réveillant que je suis resté allongé ; je retournais mon rêve dans ma tête, sans parvenir à le comprendre ; sans y trouver la moindre raison de me lever.

Il y a eu un coup de téléphone. Du travail ,un travail intéressant ; j'ai dit oui. En raccrochant, j'ai senti que je ne pourrais pas.

Comment faire cuire des pommes de terre sur un réchaud à gaz, si l'on refuse d'allumer le gaz ? Et il peut paraître judicieux de s'y refuser, puisque rien d'apparent ne passe de la flamme dans les pommes de terre. Le travail, cette cuisson, réclame que je m'allume et me consume par-dessous. Bien sûr, cela implique une définition du travail, et ainsi de suite... fatigue !

J'espérais quelque chose, et rien ne vient qu'une panique profonde.

J'ai pris ma pipe, l'ai portée à mes lèvres ; j'ai aspiré et contemplé le culot noir. Mon désir de fumer était là. Sur la table, ce cahier, où, plutôt que de le satisfaire, j'analyse mon désir et l'exprime. Ce que je fais pour le tabac, je pourrais le faire pour l'amour. Réaliser un désir, c'est accepter d'y jouer son rôle.

Malgré mon peu de foi, j'ai laissé ma pipe tranquille. Je n'explique pas mon refus de jouer, et je lui trouve un goût amer, c'est vrai. Il y a probablement une différence entre satisfaire un désir et l'analyser. Mais l'un et l'autre le font disparaître.

Si j'étais resté fumeur, il est vraisemblable qu'en cet instant je me trouverais entre deux cigarettes. Ce serait comme maintenant : je ne fumerais pas.

Même raisonnement du veuf aux cabinets : « Si ma femme n'était pas morte, se dit-il, je serais vraisemblablement comme maintenant : aux cabinets, c'est-à-dire sans ma femme. Elle ne peut donc me manquer. »

QUATORZIÈME JOURNÉE

Le vent ne se lève pas. Comme je suis morne. Il y a des moments où l'on souhaiterait un vrai courrier du cœur.

Ce serait trop bête, quand même : tant de persévérance s'écroulant d'un coup, et sans savoir pourquoi.

Attendre au moins la fin de la semaine. Ça va peut-être se passer.

Ça n'a pas d'importance. Ça ne peut pas avoir d'importance !

Seule pensée efficace qui me reste. Je la repense à chaque instant. Je répète : Ça n'a pas d'importance, comme si ça en avait.

Depuis ce matin la peur n'a cessé de croître. Une peur bête. Je voudrais parler de tout cela à quelqu'un. Il me semble que j'outrepasse mes droits : que quelqu'un va se venger de la liberté que j'ai prise en renonçant au tabac. Je sens cette vengeance imminente.

Je pense à Béatrice. Je ne sais pas pourquoi j'ai la conviction qu'elle a besoin de moi tel que je suis maintenant : quand je ne fume pas.

Tout à l'heure, je dois la rencontrer chez les Patin. J'ai envie — comment dire autrement ? —, j'ai envie de l'observer.

Mais cette envie n'est pas répréhensible. Elle le serait sans doute si je fumais. Hier, j'ai observé un observateur qui fumait : on voyait, avec le tabac de sa pipe, se consumer l'objet de son observation. Il en faisait un objet de jouissance, et, la jouissance prise, il s'en détournait en secouant, sur son talon, sa cendre.

Moi, mon observation ne me sert à rien. Ce n'est nullement une destruction. Ni un repas. C'est plutôt l'offre d'un double à ce que j'observe. On ne peut rien me reprocher.

Ce n'est qu'un jeu. Une fantaisie. Je dois me distraire.

C'est fini. J'ai fumé.

DEUXIÈME PARTIE
(Plus tard)

Comment ça s'est fait ? Voilà. Cette nuit-là, je suis rentré chez moi écœuré d'avoir vu Béatrice se glisser dans une voiture déserte avec Bitterberg, le bel auteur dramatique. Il faisait nuit dans le parc. J'étais adossé à un gros arbre noir et ils ne m'ont pas vu. Mais moi, incapable de bouger, je les ai vus. Quand j'ai pensé à tousser, voire à allumer une cigarette, il était trop tard. A travers les vitres de la voiture, je voyais les lanternes du grand escalier tournoyer, car j'avais un peu trop bu, et, me cachant par instants cette lumière, des bras, des têtes, des gestes qui rayonnaient du couple comme d'une tache d'encre. Je crois que je me souviendrai toute ma vie du « oh ! oh ! oh ! » plaintif de Béatrice, mêlé aux grincements des ressorts. On appelait Bitterberg, de sorte que mouvements et bruits s'apaisèrent. Il est parti d'abord, puis elle. Je ne les ai pas suivis, je suis sorti du parc, la tête basse, et je suis rentré chez moi en zigzag, m'accrochant aux grilles et aux arbres de l'avenue. Jamais de ma vie je n'ai été aussi malade.

Béatrice ! Bien sûr, je suis un enfant. Mais il me semblait qu'à la place de Bitterberg, je n'aurais pas fait cela.

Le lendemain matin — c'était il y a plus d'un mois —, je me suis remis à fumer.

Quand j'essaie de m'expliquer cette déconfiture, je ne lui trouve que des raisons d'une bêtise très vague. Il me semble que j'ai senti tout à coup ma bonne volonté devenir entièrement ridicule, et ma vertu n'avoir jamais été qu'un jeu de dupe. Oui, je crois que c'est là la cause de ma rechute dans le tabac, si le vertige peut être considéré comme une cause.

M'y remettre ne me fait pas de bien, sans doute. Et, sans doute, c'est dommage d'avoir fait en vain tant d'efforts...

Effort est un bien grand mot. Non, mon expérience fut un jeu. Et pour de tels jeux, je ne suis plus assez jeune. La vie est là ; il faut bien la vivre. On n'a pas le droit de perdre son temps sur des chemins de traverse.

Et puis, rien ne m'empêche de poursuivre mon étude sur le tabac tout à loisir, en fumant. Si la connaissance libère et si je n'ai que de mauvaises raisons de fumer, une fois découvertes, le tabac se détachera de moi sans que ma volonté s'en mêle.

Plus je réfléchis, d'ailleurs, et plus je crois

qu'on a pour fumer de meilleures raisons qu'on ne pense.

C'est comme qui voudrait arrêter les battements de son cœur sous prétexte qu'il n'en tire aucun plaisir, et que même ils font un bruit qui l'agace.

On n'est pas maître de son cœur, dira-t-on. Certes. Je me sens moins solidaire de ma cigarette. Mais tout de même, je tiens à elle ; même si ce n'est pas un plaisir, c'est un feu. C'est mieux que rien. La pensée a en moi son organe ; pourquoi le feu n'y aurait-il pas le sien ?

Bien sûr, ce tube d'herbe enrobé de papier n'est pas vraiment un organe ; malgré lui, la distance reste considérable entre ce feu et mes lèvres. Ils communiquent cependant. Ici un mouvement de ma langue et de mes lèvres est cause que là-bas, dans un grésillement, le feu fait un pas en arrière. La liaison n'est pas assurée par des nerfs, mais seulement par une petite colonne de souffle rétrograde, dont mes lèvres et non le feu ont la maîtrise. Imaginez que vous soyez maître ainsi de votre cœur : qui serait le vrai maître, votre cœur ou vous-même ? Quelle ne serait pas votre servitude !

Ah oui, direz-vous, mais du cœur on a besoin, tandis que de votre cigarette ne vous vient que cette fumée, moins nourrissante que le sang ; vous pouvez y renoncer.

J'ai déjà répondu qu'à un cœur dont je serais

Confessions d'un fumeur de tabac français

maître, la lubie pourrait bien me venir aussi de renoncer. Je crois pouvoir me passer de tabac ; et il y a effectivement des gens qui se passent de cerveau. Ont-ils raison ? Vous n'oseriez le soutenir, et cependant on sait que l'abus de la pensée est plus nocif encore à l'organisme que l'abus du tabac.

Ainsi, vous pourriez me démontrer que l'entretien sous mon nez de cette combustion me ronge les muqueuses, les poumons, la vie et la raison, cela ne suffirait pas à me la faire éteindre. Elle vaut peut-être qu'on les lui sacrifie.

Imaginez que l'homme, cette machine à combustion lente, à température constante, à durée limitée, soit la cigarette de quelqu'un. Il dépendrait de son fumeur. Lui serait-il inférieur pour autant ? Non pas. Peut-être cette cigarette humaine occuperait-elle sur l'échelle des êtres un échelon supérieur à celui de son fumeur, et celui-ci ne la rejetterait-il pas, malgré les arguments de son médecin sans une sorte de sacrilège.

Et de même que la condition humaine conditionne quelque chose, mais quoi ? de même la condition de la cigarette...

Et puis, je ne pouvais pas continuer à dormir. Il fallait que je me réveille, que j'agisse ; je n'allais pas demeurer indéfiniment dans cette vague extase angoissée qui me rendait, j'en ai souffert, si vulnérable.

Or, la cigarette souligne l'éveil. Il est significatif qu'on ne fume pas en dormant.

Je crois que ce qui distingue principalement la veille du sommeil, c'est qu'elle invente le temps et s'y soumet. Il y a une ressemblance évidente entre la cigarette et le sablier. Mais le sablier, la montre, que l'homme a fabriqués une fois pour toutes, et qui fonctionnent à présent malgré lui, lui font oublier sa participation active à l'écoulement du temps, auquel il ne semble plus que se laisser aller. La cigarette mesure aussi le temps pour l'homme, mais en lui rappelant qu'il le fait.

Ce petit feu ressemble à la conscience. Et si je suis la cigarette de Dieu, la fumée ne lui vient de moi que si ma conscience consent à s'allumer.

L'éveil est la condition de la conscience comme la loupe conditionne le feu. (Et il y a quelque chose qui est à l'éveil ce que le soleil est à la loupe, et de même que le soleil existe avant la loupe, de même dans le sommeil existe à l'état diffus ce que l'éveil concentre.)

Mais si l'éveil conditionne la conscience, c'est n'importe laquelle, et par exemple une simple attente ou de l'ennui. La cigarette a cet avantage d'offrir de l'éveil convenable, c'est-à-dire actif, une image susceptible de réalisation. Réaliser une image, c'est un rite ; cela ne se borne pas à exprimer, cela invoque et provoque.

Ce rite varie selon les particularités de la conscience qu'il veut éveiller ; selon l'acte qu'elle

Confessions d'un fumeur de tabac français

doit accomplir. Paul Valéry roulait lui-même ses cigarettes ; certains musiciens ne fument que la pipe. Pour m'en tenir à la Gauloise ordinaire, n'est-elle pas, au sortir du paquet, le parfait exemple de la tâche imposée à l'homme moderne ? d'une tâche sociale, c'est-à-dire dont la structure a été fixée *a priori* par la société et que l'individu doit accepter sans retouche ? Le révolté fume peut-être des cigarettes en forme de spirale; encore ne les fume-t-il que dans le sens de la longueur.

Car enfin, que me demandez-vous, sinon de faire comme tout le monde ? de m'adapter ? Car enfin, dans toute cette histoire, le couillon, ça a été qui ? Certainement pas Bitterberg.

On dira que je mélange tout. Qu'il aurait bien pu se trouver que Bitterberg ne fume pas. A d'autres ! Tout se tient. On ne m'y prendra plus.

Faire comme tout le monde. Voilà le problème. Ce n'est pas tellement que ce soit difficile ; c'est qu'on en est amoindri. On est divisé par son nombre.

Ma profession est une de celles où l'on fume beaucoup. Les professeurs, les receveurs d'autobus, les prostituées, les champions ne connaissent qu'une sorte de cigarette : la cigarette de récréation. Dans notre métier, on pratique aussi la cigarette de travail. On fume pour se délasser, mais on fume aussi pour agir. Le même tabac suffit aux deux fumées, comme un clou chasse l'autre, comme on se sert du même nombre Un pour faire Plus-Un et Moins-Un.

En réalité, nos cigarettes de récréation s'ajoutent à nos cigarettes de travail sans les annuler. On fume trop.

Gabriel s'est arrêté trois jours, puis, le soir, las de jouer les puritains, il s'est laissé aller à accepter mon offre. « Qu'est-ce qu'une cigarette, exceptionnellement ? Elle ne m'empêchera pas de continuer à ne plus fumer. »

Mais il n'y a pas de cigarette « exceptionnelle ». Toute cigarette est la cigarette d'une série. Fumer une cigarette, c'est déjà fumer la série.

Personne n'a jamais fumé « la cigarette de sa vie ». Le lendemain de cette cigarette d'élection, Gabriel l'oubliait déjà pour « mille et trois » autres.

C'est qu'aucune d'entre elles n'a rien qui la distingue et nous force, une fois consumée, à lui rester fidèle.

Les femmes non plus ne se distinguent guère.

Une autre bonne image de l'éveil me vient : l'érection. Ce qui correspond à l'érection chez la cigarette, c'est l'allumage. Et de même qu'il peut me gêner de fumer la cigarette de tout le monde, de même un regard objectif ôte sa raison d'être à

Confessions d'un fumeur de tabac français

mon sexe, semblable à tant d'autres par sa forme et son fonctionnement.

Il est sans doute significatif que mon point de vue sur Béatrice ait changé simultanément avec mon retour au tabac. Je les maintenais l'une et l'autre à distance. Bitterberg m'en a démontré la puérilité : tu mangeras tes œufs ovoïdes, comme nous, et dans le même coquetier, ou alors tu mourras de faim. Portez des oreilles ou restez sourds.

Tout cela théoriquement admis, je me demande pourquoi cette subite décision de refumer comme tout le monde a tant de mal à se faire respecter. Du reste, le profit que j'en tire n'est pas si évident qu'il puisse me faire oublier ma décision antérieure de m'en abstenir.

Je n'ai pu voir, cet après-midi, M. Z. refuser mes Gitanes sans un pincement au cœur. Il ne fume pas : peut-être a-t-il sur la question des lumières plus vives que les miennes ? Mais peut-être n'a-t-il en ceci d'autre ambition que d'imiter les chevaux. Torturé comme on le connaît !...

Et vraiment, ce n'est pas bon. Est-ce l'état de mon foie qui me rend si difficile ? Non, pourtant, rien d'anormal de ce côté.

Que les cigarettes se fassent à mon goût de jour en jour plus pénibles augmente leur ressemblance avec mes devoirs sociaux. Je peux me demander si l'amertume croissante de mes cigarettes ne leur vient pas, par contagion, de ce que je travaille de plus en plus amèrement.

Mon travail est devant moi, aussi connu qu'un paquet de Gauloises, aussi peu capable de me surprendre. Puisqu'il le faut, j'allume la première cigarette, et la régularité de sa combustion se communique à mon travail.

« Puisqu'il le faut », oui. Mais ce manque de conviction m'inquiète. Il m'impose de mettre des gants. Ce fume-cigarette, qui diminue un peu l'amertume de fumer ; cette machine à écrire, qui me fait oublier l'ineptie d'écrire ce qu'il faut ; ils me maintiennent à distance, m'excluent, et c'est bien, puisque je ne dois être à ma table que n'importe qui. Mais ils n'empêchent pas que je me compromets, que c'est moi qui fume le tabac et parle la langue de n'importe qui.

Il faudrait mettre des gants aussi pour faire l'amour. C'est une autre façon de se faire n'importe qui, c'est pourquoi l'on peut être si fier d'aimer ; ou si honteux.

Pour garder mes distances avec Béatrice, je n'avais pas besoin de gants. Elle était suffisamment distante de nature. A la voir, je n'étais pas tenté de réduire cette distance, par exemple en la déshabillant ; car le rôle de sa robe n'était pas de la dissimuler, mais au contraire de la rendre plus solidaire du paysage ou du décor visibles, de sorte qu'en la séparant d'eux, mes regards se reprochaient déjà de vouloir la cueillir. Et comme

Confessions d'un fumeur de tabac français 131

la vue éloigne plutôt qu'elle ne rapproche, Béatrice à l'état visuel ne pouvait que me rester lointaine. Cela me rendait triste aux larmes, et si je pleurais, c'était pour noyer son image. Je n'ai jamais pleuré pour noyer l'image d'une table, mais quelquefois pour un nuage que le soleil seul avait la chance de toucher, pour une forêt qui deviendrait à mon approche un maigre sentier parmi des arbres. Ce qu'on ne peut connaître que distant, sa distance attriste.

On dira que j'aurais pu réduire entre Béatrice et moi la distance. Mais où en aurais-je trouvé l'envie ? Car ce qui me tenait en respect, ce n'était ni ma peur ni mon impuissance. C'était la seule fascination du monde de mes yeux, où Béatrice se trouvait prise. De ce monde, elle était l'image-reine, et elle et moi voulions qu'elle le demeurât. Qu'elle demeurât vêtue, coiffée, adhérente à l'espace lointain.

Ainsi, le charme de sa féminité, que je désirais conserver intact, me dissuadait de voir en elle une femme, c'est-à-dire n'importe qui.

Je ne voulais pas mettre ma main dans cette marionnette à gaine.

Une cigarette aussi belle que Béatrice, personne n'aurait osé l'allumer. C'est pourtant bien le désir de l'allumer qui nous attirait autour d'elle.

Ou plutôt, c'était son désir à elle. Comme toutes les belles dames, elle s'était préparée dans son miroir, comme un tas de bois dans une cheminée.

Mais sa combustibilité — si vous voulez, pour parler « sans image » (est-ce bien sûr ?) : sa féminité — ne m'attirait pas seulement, elle m'écartait. Béatrice n'était pas sa féminité : elle était dedans, comme une main dans une marionnette. Sa présence dans sa féminité ressemblait à ce qu'on nomme la présence d'un acteur : présence qu'il ne faut pas regarder en face, car alors on ne serait plus au spectacle.

Et cette Féminité, que Béatrice pouvait jouer, animer, plus ou moins bien, elle n'appartenait pas à Béatrice. Je la trouvais étalée presque aussi séduisante dans les journaux de mode. Sans y croire, mais il s'en fallait de peu : il s'en fallait d'une présence invisible, il s'en fallait de cette petite chose qui rend les êtres réels. Si bien imitées qu'elles fussent, et je pouvais même les imaginer douées de mouvement et de relief, ces photos, je les voyais, mais elles ne me voyaient pas.

Il leur manquait ce point de feu qu'on appelle la réalité.

Et si je les étudiais, c'était loin d'elles, en toute tranquillité. Comme on fait la biographie des morts.

Je regardais se montrer ces dames non pas mortes mais photographiées, et elles se montraient d'aussi près que possible. Leur photo à bout de bras, je les voyais aussi grandes que Béatrice à cinq ou huit mètres. Et vraiment, rien n'y manquait, pas même leur regard, qui me regardait comme jamais je ne le fus. Rien ne manquait à notre rencontre, sauf moi, qui n'étais pas là.

Ces dames avaient la présence d'une cigarette quand on n'a pas de feu. Et je retrouvais devant elles les mêmes mots qu'autrefois devant ma pipe abandonnée : « Réaliser un désir, c'est accepter d'y jouer son rôle. »

Qu'est-ce qu'un paquet de tabac pour vous, si vous ignorez son usage ? Peu de chose le distingue d'un paquet de crottin.

Mais quelqu'un vient-il à vous révéler son mode d'emploi, alors le paquet de crottin disparaît. Je vous repose la question : Qu'est-ce pour vous qu'un paquet de tabac ? Ce cube d'herbe sèche, devant vous ? certainement pas ! La réalité de ce paquet de tabac ne réside plus maintenant en lui, mais dans votre rapport avec lui, d'abord. Son squelette, ce sans quoi il s'effondrerait parmi tous les crottins indifférents, son squelette, c'est votre envie de le fumer ; plus exactement l'envie que n'importe qui aurait à votre place et que vous pouvez refuser d'avoir.

Je me dis cela en fumant, sans coucher avec Béatrice.

J'étudie sa Féminité comme autrefois le tabac : sans y toucher. Mais cette abstinence ne me donne pas d'ivresse. Ce n'est qu'un manque.

Il faut bien en convenir : chaque fois que je rencontrais Béatrice, j'attachais moins d'importance, malgré mon respect apparent, à son image visible qu'à l'intimité de ses cuisses entre elles, quand elle marchait ou dansait. L'âme de sa féminité était là : à ce double contact, à peine diminué par des étoffes douces et fines toujours (on aurait dit : timides), quelquefois jusqu'à la transparence. Et cette âme, à cet endroit, faisait frémir, à cause de l'impuissance où on la sentait de se défendre du moindre courant d'air, qui aurait un peu soulevé la jupe, et du regard d'un œil qu'un vicieux aurait oublié par terre.

Car la Féminité est ouverte vers le bas, comme la marionnette à gaine. Suivant les époques, ce « bas », justement, paraît plus ou moins, parfois pas du tout. Mais toujours la Féminité, semblable à l'abat-jour, oriente le rayonnement de la femme vers le sol. On ne pouvait voir Béatrice sans illuminer secrètement le rond de bois ou de bitume que l'ampleur de sa jupe découpait autour de ses pieds ; sans souhaiter de s'y coucher un moment pour voir, par ce défaut de son image, la réalité obscure qui l'animait.

C'était la faute à son image, bien sûr. A la Féminité qu'elle jouait. Béatrice n'y était pour rien... Ce piège à loup n'était piège que pour le loup qui s'y laisserait prendre. Entre autres moi-même.

Confessions d'un fumeur de tabac français

Un grand dégoût me prend à penser cela sérieusement. Que Béatrice fût à ce point excitante par hasard, sans le faire exprès... A cause de la mode qui est aux jupes, pour les dames... Sans seulement désirer m'exciter !...

Et pourtant, si je cesse de croire à son innocence, si ce piège, je me l'imagine sournoisement tendu par Béatrice, c'est bien simple : il ne fonctionne plus. Il faut qu'il ait été involontaire pour être efficace. Volontaire, on s'en dégageait d'un haussement d'épaules.

Oui, c'est sans songer à mal que Béatrice portait une jupe. Elle sera la première surprise par le vent, par l'œil, par elle-même, qui se croit sans faille.

Bitterberg a retiré ses gants ; il ne s'est même pas soucié, j'en suis sûr, d'enfiler ce gant spécial, qu'on appelle capote anglaise. Il a fait fonctionner le piège ; la Féminité de Béatrice a joué. Elle traîne maintenant quelque part, comme une marionnette qui ne servira plus.

Il y a pourtant de la générosité dans l'usage du tabac. S'attacher à sa cigarette consisterait à ne pas la fumer, à la réserver pour on ne saurait quelle occasion unique. Normalement, on ne tient pas à chaque cigarette, mais simplement à l'acte de fumer ; on a confiance, on sait que l'occasion se renouvelle à mesure qu'on la souhaite. De même, on ne va pas mettre de côté un verre d'eau ; l'eau n'est pas assez rare au gré des maniaques de l'épargne. Ce n'est pas seulement le tabac qui se renouvelle, mais l'envie et la puissance de le consumer. Ce caractère général s'oppose à une certaine idée qu'on peut se faire de l'activité sexuelle. On aime généralement à concevoir celle-ci plus limitée qu'elle ne l'est.

Ecrire, peut-être, une monographie complète du tabac. Epuiser la question. Est-ce possible ?

Cette investigation m'agace un peu. Ce ne sont plus vraiment des cigarettes que je fume, ce sont des points d'interrogation. Tant il est vrai que l'observation modifie la chose observée.

Le moment vient vite où tout se met à ressembler à tout. Voudrait-on mentir, on ne trouve plus que des vérités.

Tout de même, il faut en finir.

Tenter d'être objectif. Qu'est-ce que le Tabac ?

Eh bien, c'est une plante. Mais pas une plante ordinaire, semble-t-il. D'abord, il y en a deux : le *Nicotiana Tabacum* et le *Nicotiana Rustica*, plantes... « résultant de croisements obtenus par les Indiens dès l'époque précolombienne, et conservées dans les cultures jusqu'à nous. On ne les a jamais trouvées à l'état sauvage » (*Que sais-je ?*, page 87).

Tout a donc concouru à le rendre précieux : la nature, l'éloignement géographique, l'ancien-

Confessions d'un fumeur de tabac français 137

neté historique, la manipulation des hommes, les impôts indirects.

Rien qu'une herbe, humide à l'origine, et qui a su devenir sèche sans pourrir, on la respecte. Il suffit d'ouvrir un herbier. Quand j'étais petit, au collège, nous conservions dans nos pupitres le pain que l'on nous donnait à quatre heures, pour le manger huit jours plus tard à l'état pierreux. Il y gagnait un goût de bois blanc que nous savions apprécier. Au lieu de croquer ces graines de tabac, songer de quels soins on les entoure, et pendant combien de temps, avant de les livrer au consommateur sous leur forme dernière : la cigarette ! Est-ce la raison pourquoi l'usage de fumer calme l'impatience ?

Le plus beau moment, c'est celui de l'achat. On n'avait rien à fumer, et tout à coup, un paquet bien ferme, souvent luxueux, parfois revêtu de cellophane pèse dans votre main. Un paquet intact. Dedans, les cigarettes sont comptées. On est riche, et l'on sait exactement de quoi. Ce n'est pas encore un objet personnel ; il va falloir le violer pour qu'il le devienne. Instant précieux, qu'on voudrait prolonger. On a son avenir dans la main. L'acte merveilleux d'entamer une chose nombreuse mais soigneusement dénombrée : on dirait que le dénombrement reste en elle et la rend plus lourde, comme l'eau bénite semble plus lourde et plus onctueuse que l'eau naturelle. C'est surtout ce plaisir d'entamer une chose dont le nombre est encore intact que l'on aime recevoir en cadeau : n'offrez jamais un paquet de cigarettes si peu que ce soit entamé, ni même ouvert.

Et en plus petit, ce cylindre lui-même avant l'allumette. On le tapote amicalement sur la table. Autour de lui, d'innombrables fantômes de mégots et leur cendre, rehaussent sa virginité. Il est lourd comme une cartouche neuve, et le fumeur le porte à ses lèvres avec la sérieuse délicatesse que l'on met à charger un fusil. Il est lourd de cinq minutes d'avenir très proche, mais que l'on garde encore le pouvoir de différer. Enfin, la flamme touche la cigarette. Tout est fini. D'un coup, comme une cartouche, elle s'est vidée de tout son poids, de toute sa puissance. A-t-elle tué, elle aussi, quelque chose ? En tout cas, elle a fini de servir ; on la brûle.

Ou plutôt, une autre cigarette, d'une nature différente, l'a remplacée : celle qu'on fume. Il n'y a pas plus de rapport entre l'une et l'autre qu'entre une cartouche neuve et la même cartouche transformée en verre à liqueur.

Fleurs coupées...
C'est moins elles qu'on donne que la jouissance de leur agonie. On les offre à gaspiller.

Fleurs en pots : elles sont plus rares. Economes, vivantes : ce n'est pas une dépense ; plus précieuses parce que moins riches ; c'est une

Confessions d'un fumeur de tabac français

acquisition. Elles ont de l'avenir. On peut compter sur elles car elles ne sont pas coupées d'elles-mêmes ; car elles comptent sur leurs racines, sur leur volonté. Elles boivent moins que les fleurs cueillies ; dans un verre moins grand, mais c'est dans leur verre. On aime les conserver, mais pas malgré elles : on aime les voir soucieuses de se conserver. Les fleurs coupées sont des fleurs mourantes.

Il manque à la cigarette ce que la fleur en pot est à la fleur cueillie.

Oui, j'aime les choses précieuses. J'aime les choses denses, et d'autant plus denses qu'elles sont plus rares. J'aime les choses que l'on peut indéfiniment mettre de côté, que l'on peut retenir. J'aimerais avoir un sexe comparable au dard des abeilles ; un sexe à un coup, auquel une femme, choisie avec soin, ne survivrait pas plus que moi.

Mais tous ces prétendus instants de plaisir qui en viennent à ressembler à des rivières ; tous ces travaux, tous ces événements qui n'en finissent pas ! On dirait le vent ; ça n'a même pas de rives entre lesquelles couler. Et tous ces gens qui font en vain tant d'efforts pour ne pas se ressembler, et moi qui leur ressemble ; un ramassis de gouttes d'eau ; et même pas de récipient pour lui donner une forme globale.

Je suis moulu. Comme dans un moulin, on m'a fait passer à travers une multiplication. J'en sors détroussé, liquide, courant d'air, dans ce monde sans chez-soi où l'on trouve ridicule de collectionner des objets.

Collectionner des cigarettes, par exemple. Ces cigarettes éhontées, sans retenue, ces cigarettes-putains.

Seule ma pipe pourrait m'aider à me « retrouver moi-même », comme j'ai dit. On n'a pas idée comme le vague de cette existence me délabre. Tous les objets sont à l'extérieur les uns des autres. Il faudrait habiter un trou, comme un lapin, ou sinon porter une culotte de chasse, des bottes, une cuirasse. Cela ne se fait pas. Et la pipe, maintenant, me donne le hoquet.

Les femmes s'en vont par bandes, dans un ciel de pluie, malheureuses. Pour se réchauffer, parfois, elles urinent, — mais cela ne les réchauffe pas longtemps, au contraire, cela gèle au bout d'un moment, entre leurs jambes. Je n'écris pas n'importe quoi, bien que j'invente.

Je n'ai plus en moi cette image d'une femme unique à quoi, même absente, même sans y penser, je savais pouvoir me raccrocher. On dirait qu'en devenant nombreuse, la femme s'est détrempée comme du pain. J'ai de la répugnance pour le pain mouillé : il ne tient plus tout seul, il réclame une tasse. Ma myopie aussi fait des progrès, contribuant à rendre les choses trop larges et flasques. Et on fume, on fume là-dedans, avec

Confessions d'un fumeur de tabac français

une veulerie douloureuse, et on prend des bains trop chauds.

Maman. Aucun doute, elle était bien ma mère, il n'y avait qu'elle, et devant elle, sans aucun doute j'étais bien moi-même, il n'y avait que moi. Solange, Catherine, Myriam, Elisabeth, — je ne suis pas même sûr qu'elles ne me soient rien ; c'est le doute, la pluralité des voix, — elles me déchirent, elles ne sont pas capables, même prises chacune à son tour, de m'assurer que je ne suis que moi-même, de replacer sur moi le couvercle de ma boîte.

Maman ! A force de la reconnaître, j'ai su que j'étais un. Sa permanence, sa présence devenaient les miennes. Plus tard, on s'en passe. On découvre les oranges par exemple, qui, elles aussi et malgré leur nombre, sont toujours les mêmes. On apprend à se reconnaître dans leur saveur. Puis — car c'est malcommode et cela fait mal au cœur de manger continuellement des oranges ou n'importe quoi —, puis il y a l'usage du tabac, plus souple et qui mêle, à l'accomplissement des besognes communes l'arrière-goût de notre singularité : la cigarette à la bouche, nous voilà libres d'aller et venir, en ce monde terriblement spacieux, sans nous séparer de nous-mêmes. Et, bien plus, ce nous-même que sur le sein maternel nous avons d'abord connu intimement par la bouche, la cigarette nous le rend visible ; sa fumée, comme dans un miroir, nous donne à voir que nous existons. Elle devient le double de notre bouche ; cette fumée, qui dans la poésie française rimait fidèlement avec la renommée, elle est à la succion ce que mon renom est à mon nom. Ce que j'ai de plus intime s'objective avec elle, — et de là vient cette peur que j'éprouve, dans un monde hostile, de me trahir en l'expirant.

C'est ainsi qu'on arrive à se passer de sa mère. Et c'est ainsi qu'on se dupe. Maman ! Une femme que je mangeais, oui, ou une nourriture qui était une personne, — mais encore ! Il n'y avait ni femme, ni nourriture, ni moi. Il n'y avait qu'un bloc, et nous sommes nés simultanément tous les trois dans l'explosion du bloc nourrisson-allaitement-nourrice. Jamais pour moi la femme ne redeviendra nourriture. Nous conservons tous trois une cicatrice qui est la nostalgie de notre unité, et que figure en plusieurs langues la lettre M de Moi, de Ma femme, de Mon café au lait, — cette consonne M, la plus naturellement buccale qui soit. Moi Mange Maman.

Je ne pouvais plus me le dissimuler : cette fumée, tout ce qui me restait encore du sein de ma mère — ou ce qui m'en voilait la disparition déjà lointaine —, cette fumée, pas plus que mon image dans un miroir, ne recelait personne. Je voulus que Béatrice vînt habiter, puis supplanter ce nuage, mais malgré mon aptitude à la confusion, Béatrice était incapable de reprendre ce rôle de nourriture que la fumée tant bien que mal avait tenu pour moi. Aucune cigarette ne nous unissait. Je n'ai tellement parlé d'elle que pour la rendre mienne, comme la fumée, avec ma bouche. J'ai cru pouvoir en prendre possession par les mots —, possession illusoire. Bitterberg se l'appropria sans peine, grâce à cet engin que pour mon compte je n'avais jamais considéré comme un instrument de conquête.

Maintenant, je sais que ma fumée ne figure, aux yeux du monde et de moi-même, rien d'autre que moi-même. Il me semble qu'il n'est plus de mon âge d'y prendre du plaisir.

Un des charmes de ma chambre d'adolescent était le jeu des volets et du soleil. Je pouvais m'asseoir devant une cloison de soleil qui fendait la pénombre, et y projeter la fumée de ma pipe. Elle s'y inscrivait en volutes plates et mobiles, et je contemplais ce spectacle longtemps, comme le théâtre de mon âme, jusqu'au constat nécessaire et triste de sa monotonie.

Et, bien sûr, dans la solitude comme dans le monde, si je fume, je m'affirme. Et il faut bien s'affirmer.

Je fume, parce qu'il le faut bien. Montaigne ne fumait pas ; mais il faut être de son temps. Etc. Raisons moroses.

De même que le langage semble vain chez le

perroquet, qui n'a rien à dire ; de même la fumée sans âme.

Mais à cette âme, est-il vrai que je ne tienne vraiment plus ?

Non : pas à chaque cigarette, ni à l'ensemble des cigarettes ; mais par elles, oui, je tiens encore à une grande chose compliquée, vivante par endroits, maladroite, encombrante, aux ramifications formant bloc à la manière du lierre et qui, comme lui, peut être morte sans cesser d'être tenace.

Loin de se détacher de moi, cette plante morte, on dirait qu'elle me détache de moi-même. Sa mort m'envahit. Car j'ai beau fumer à présent comme tout le monde, je ne puis m'y tromper : tout est rompu entre le tabac et moi. Je fume parce que je n'ose pas prendre à nouveau la décision de m'en passer, par superstition. Mais je sens qu'il est trop tard.

Et pourquoi ? Pourquoi ce délabrement interne d'un fumeur apparemment semblable aux autres ? Si Béatrice fut cette chose dont l'usage aurait pu avantageusement remplacer pour moi l'usage du tabac, dois-je penser que son délabrement par Bitterberg se soit communiqué à la fumée, et par elle à mon âme ? Mais non ! Avant cet accident futile, je me sentais atteint, et je l'ai dit. Je n'étais déjà plus qu'un fumeur irréparablement miné.

Il est des aventures spirituelles sans retour.

Après le *Cogito,* Descartes ne *pensait* plus comme avant. Ainsi, je continue à fumer, mais plus comme avant. Que je fume ou non, c'est le même tabac : l'angoisse de ne plus fumer, je la ressens en fumant ; le dégoût de fumer, en ne fumant pas. Ma vie est devenue bien difficile, et je ne puis revenir en arrière.

Je n'ai plus qu'à poursuivre ma route. Continuons à faire comme tout le monde. De l'homme et du fumeur en moi, reste à savoir lequel fumera l'autre, et s'il pourra lui survivre.

Ils m'ont tellement abruti, ce matin, avec ce travail auquel je dois faire semblant de tenir... J'ai allumé une cigarette et me suis accoudé au parapet de la Seine, pour regarder un long train de péniches. Toutes ces histoires de tabac m'étaient devenues indifférentes. Et pourtant, je fumais...

Mon état devait ressembler à celui des mystiques lorsqu'ils se sentent abandonnés de Dieu. Le mot « Dieu » s'est vidé, ils ne savent même plus de quoi... Et pourtant, sans qu'ils le sachent, et tout simplement parce qu'ils continuent d'exister, Dieu est là. Ainsi, au moment où je ne pensais plus à lui, le tabac était là —, non par cette cigarette que je fumais sans y penser, mais tout simplement parce que le temps passe.

Vous me voyez vivre muet et songeur parmi vous ; il ne peut vous échapper que si je me replie sur moi-même, c'est qu'un problème s'y pose sans cesse — mais de là à deviner lequel... Vous m'observez, sans vous rendre compte que pour m'observer mieux, vous allumez distraitement votre Celtique. Et ce problème, quel qu,il soit, avant tout examen, votre certitude est faite qu'il ne vaut pas qu'on se penche si gravement sur lui.

Etre ou ne pas être, dites-vous, c'était peut-être bien la question : mais il importait bien peu que Hamlet y apportât telle ou telle réponse, et même qu'il n'y répondît pas. Je ne vous convaincrai pas qu'il importe davantage de répondre à cette autre question : fumer ou ne pas fumer. Je me tais et je vous regarde ; j'ai moi aussi ma certitude : insouciants, vous n'échapperez pas plus à l'alternative que je n'y échappe scrupuleux. Nous sommes embarqués. Et ceux mêmes qui veulent ignorer le tabac n'en seront pas moins classés dans la catégorie des non-fumeurs.

L'outrecuidance de ces ascètes m'agace.

On trouve injuste, pensais-je, que des compartiments spéciaux soient, dans certains Etats d'Amérique, réservés aux nègres. Sans doute parce qu'ils n'ont pas choisi d'être noirs. Mais est-il vraiment plus juste d'interdire aux fumeurs, dans les trains français, une bonne moitié des compartiments ? sous prétexte qu'ils ont choisi d'être fumeurs et doivent en accepter la responsabilité ?

Qu'on ne vienne pas me répondre que la fumée

Confessions d'un fumeur de tabac français 147

incommode ceux qui ne fument pas. Car de la même façon, la couleur noire incommode les négrophobes. La fumée n'est pas plus désagréable en soi que la peau des nègres. On ne fait que se monter la tête à leur endroit, par caprice, par préjugé, par désir de distinction.

Moi aussi, lorsque je ne fumais plus depuis quelque temps, l'envie me prenait parfois de haïr les fumeurs, à cause de leur ridicule, de leur bêtise, de leur fatuité. Cette haine est aussi peu fondée raisonnablement que les haines raciales, et je la crois capable autant qu'elles de devenir collective.

Parfois, je me dis qu'après tout, il y a des choses plus importantes dans ma vie que ce problème de l'homme en face du tabac. Parfois, l'urgence de ma besogne me persuade de fumer « les yeux fermés », et peu m'importe alors que la cigarette soit ou non une superstition, si elle rend mon travail plus facile.

C'est très exactement de cette façon qu'il arrive aux chrétiens de remettre leur salut à plus tard et que le diable les emporte.

Mais je ne me laisserai pas non plus séduire par l'argument du pari. Le tabac m'attache au monde de mes semblables. Je n'y renoncerai que les yeux ouverts, en pleine connaissance des raisons, bonnes ou mauvaises, que l'on a de fumer.

Et je n'ai pas trouvé les plus fortes, je le sens

bien. Pourquoi donc ai-je une telle envie de renoncer à un usage si profondément motivé ? La Raison seule, contre toutes les raisons ? ou seule une foi aveugle... Mais alors une espèce de grâce me manque pour la rendre efficace.

Casser un objet soulage la colère, lui fait un sort, ou si l'on veut, l'exprime, la met au monde. D'autres sentiments poussent à offrir des fleurs, à s'agenouiller. A quel sentiment la fumée sert-elle d'exutoire ? A quel sentiment constamment éprouvé, qui réclame cette expression constante sans laquelle il demeurerait ignoré, comme la colère avant d'avoir trouvé son éclat ?

De l'objet qu'on brise violemment au sol, le chemin qui mène à l'usage du tabac n'est peut-être pas si long. Mais les intermédiaires ? Si l'on pouvait grêler, neiger... Et encore : on fume vers le haut, et cette conversion exclut le passage continu du pot de fleurs qui tombe à la cigarette qu'on fume.

L'homme compense-t-il en fumant son impuissance à pleurer vers le haut ?

Le regard vide vers le ciel que l'on rencontrait encore dans la peinture du siècle dernier, ce regard vers l'endroit où il n'y a rien à voir, par découragement de voir plus longtemps les objets du monde horizontal — ressemble à ce faux aliment que je distrais du cycle terrestre des nourritures pour le laisser aller vers les lieux où rien ne sert de manger.

Oui, un semblant d'aliment. Mais en fumant, ce n'est pas seulement de manger que je fais semblant. Aussi bien, faire de la fumée et faire semblant sont des synonymes.

En fumant, on fait, avant tout, semblant de fumer. De même qu'en dormant il arrive qu'on croie dormir, de même en allumant une cigarette on croit allumer une cigarette. Mais la cigarette qu'on croit allumer est toujours très différente de celle qu'on fume.

Il est évident aussi que Georgette N. fume pour avoir l'air de penser. Mais n'est-ce pas le cas de tout le monde ? On est bien obligé de faire semblant de penser, sans ça, on ne penserait pas. Seulement, il y a bien des manières. Jouer au billard, par exemple, c'est aussi faire semblant de penser ; parler, également ; chanter, donner des coups de pied à un chien. Mais si ces activités diverses ressemblent à la pensée, qui n'existerait d'ailleurs pas sans elles, elles ne se ressemblent pas entre elles. Fumer, ce n'est pas faire semblant de jouer au billard.

Je suis triste. La plume me tombe des mains. Sur le papier, une tache d'encre, pareille à un peu de cendre...

Personne ne connaîtra jamais mon mérite.

S'occuper d'autre chose, peut-être. Mais de quoi ? Surtout, il faudrait changer de méthode.

Les gens qui me disent : « Moi, je fume quand j'en ai envie, et quand je n'en ai pas envie, je ne fume pas ! » me font sourire.

Moi aussi, j'aimerais bien croire que j'ai quelquefois envie de fumer, d'autres fois non. Mais je ne découvre en moi aucune envie à laquelle je pourrais me soumettre. Eux non plus, d'ailleurs. C'est seulement de leur part une façon de parler, de tenter, en face des autres, une justification de leurs actes.

Et pourtant ! En être venu à ce point où ce n'est plus moi, mais une morale qui décide si j'allumerai ou non cette cigarette ! Et cette morale, ce n'est pas Dieu qui me l'a donnée, c'est moi qui la construis, la détruis, la répare et la soutiens sans cesse.

Que quelqu'un prenne un peu ma place, car enfin, je ne puis souhaiter profondément que tout s'écroule.

Et pourquoi tout ça ? Qu'est-ce qui m'a pris ? Pourquoi toute cette fumée ? Car il n'y a pas de fumée sans feu. Il se passe sûrement quelque chose quelque part, dont ma bêtise est le signe.

Mes amis s'inquiètent, me trouvent mauvaise

mine, me conseillent de me reposer, de me distraire. Ils s'étonnent de me voir constamment soucieux.

Oui, je suis trop soucieux, et d'un souci dont la futilité est si extravagante que je ne puis le confier à personne. Il me contraint à la solitude.

L'usage de l'opium a ceci de bon qu'on en connaît le terme naturel : la destruction de l'usager. Le tabac, hélas, est inoffensif.

Mon histoire solitaire me fatigue. Parfois, je rêve d'un drame plus grave, la guerre, la mort de mes proches, la tuberculose, qui ferait sombrer mon histoire dans l'évidence de son ridicule.

A douze ans, je suçais encore mon pouce. Un médecin, qui m'examinait en présence de toute ma famille, l'ayant deviné au durillon que cela me laissait s'en étonna : je lui dis que j'y avais renoncé depuis peu. C'était faux. Mais la révélation que ma pratique pouvait être ainsi à tout moment publiée fit que j'y renonçai vraiment.

Voici maintenant ce qu'il faut que je proclame à ce sujet : j'avais de nombreuses raisons de sucer mon pouce ; je n'en avais aucune de m'en abstenir ; par la suite mon abstention ne se vit récompensée par aucun avantage imprévu : pas plus aujourd'hui qu'autrefois je ne lui trouve de justification. Quant à mon pouce, il est toujours là. Je le considère pourtant avec un détachement que nulle impulsion irraisonnée ne vient jamais compromettre.

C'est avec cette même sérénité que je souhaite un jour considérer ma pipe. Tout cela n'est-il pas dépourvu de sens ?

RÊVE

Un personnage me présente une boîte d'énormes cigares, qui ressemblent à des crottes. J'en prends un, et pour l'allumer, je branche un réchaud électrique dont la spirale devient incandescente. J'aspire la fumée du cigare et mon corps en est comblé, comme d'un sentiment d'exultation. Et sous le regard bienveillant du personnage, je m'élève au plafond, à la manière des baudruches. Le bruit léger que ma tête provoque dans le lustre me réveille.

Prendre parti une fois pour toutes et n'y plus penser.

Je m'abstiens de nouveau.

Je sors de ma solitude. Hier, alors que justement je venais de penser : « Qu'est-ce qu'elle devient, celle-là ? », j'ai rencontré Béatrice au grand cocktail trimestriel des de Chiourme, ces incomparables guignols.

Son aventure avec Bitterberg semble n'avoir été qu'un accident. Mais elle n'est plus la même... (Comme tout a changé !)

Autrefois, on la sentait visible malgré elle, et toujours prête à s'en excuser. Maintenant, c'est devenu une passion ; elle s'y livre de toutes ses forces. Cette espèce de générosité la consume tout entière et je crois bien avoir vu paraître dans ses yeux jusqu'à la couleur de ses intestins. Elle parle, elle parle avec une sincérité effrayante, telle qu'un quart d'heure ne se passe pas sans qu'elle se soit une fois totalement exposée et une fois totalement contredite. Il ne reste alors en elle pas un coin d'ombre.

Elle s'est tue quelquefois, pourtant ; mais comment cesser de l'écouter ? Son silence l'exprimait encore. Il me la montrait nue, toute bronzée soudain par un soleil dont je sentais ma sympathie responsable. Et quand elle a fait ses adieux, il était évident qu'elle n'allait nulle part, qu'elle allait simplement s'endormir à la façon des nuages d'été, en plein ciel, anéantie. Ainsi, m'a-t-on dit, chaque jour la fait se lever, la déploie en vain pour on ne sait quel spectateur que son absence rendrait digne du spectacle, pour personne, pour le vide où chaque soir, impuissants, ses amis la voient se dilater jusqu'à se perdre.

C'est à peine si elle dort, et, m'a-t-elle dit, d'un sommeil fluide comme de l'eau, et d'où plusieurs fois chaque nuit elle se sent jaillir.

— « C'est la joie qui m'éveille, à propos de n'importe quelle image ; à quatre heures ce matin, je ne sais comment le téléphone a pu me sembler tout à coup si beau, si digne d'éveil, mais je ne me suis réveillée que pour lui, ou parce qu'à cette idée je riais en dormant... Le soleil se levait, et il a bien fallu que je commence ma journée. »

Béatrice, à m'expliquer cela dans le vestibule, rayonnait. Ses grands yeux bleus semblaient s'ouvrir pour moi sur la sottise touchante d'un bouquet de fleurs. Et comme un chien percé d'une flèche, elle vint dans mes bras. J'aurais bien voulu la débarrasser de ce trésor superflu qui la blessait, mais je ne le voyais nulle part. Aussi, le geste caressant de sa tête, la chute de ses longs cheveux sur mon épaule me parurent-ils plus émouvants qu'agréables.

Troisième rêve de pipe en peu de jours. Peut-être à cause des arbres de la forêt. Au prix de son poids d'or, celle-là. J'ai refusé de l'acheter. La pipe suprême cependant : rien pour l'extérieur, pas de vernis, pas d'élégance ; mais une *substance*. Bien qu'elle fût faite de morceaux, ou du moins recollée en un endroit.

La pipe est un objet. C'est l'adjectif possessif du tabac. Elle demeure, alors que du tabac rien ne séjourne. Elle vieillit.

Cette cigarette, l'essentiel est qu'elle soit fumée, peu importe par qui. Mais ma pipe, je la garde dans un tiroir. On prête une femme, on ne prête pas le désir qu'on a pu avoir d'elle, ni l'organe de ce désir.

Confessions d'un fumeur de tabac français 155

La pipe fume, et non le fumeur. C'est une affaire entre elle et le tabac. Le fumeur s'y intéresse par sympathie. Cette pipe est pourtant son organe, et non un appendice commode par lequel se laisserait saisir le tabac, comme un lapin par les oreilles. Une bouche complémentaire, étroitement spécialisée, qui a sa vie propre, son caractère, sa mémoire. On peut la perdre.

Elle ajoute à la fumée le charme d'une cuisson soigneuse. Elle la nourrit de sa substance. Ainsi ma mère, par des préparations attentives, savait donner au tapioca le plus commun cette saveur singulière où je la reconnaissais.

L'homme d'action fume rarement la pipe. L'action est exclusive d'un certain amour maternel de soi.

Les femmes n'aiment pas qu'on fume la pipe. Elles ont une tendance à se voir dans le fourneau. Landru n'était pas fumeur.

Oui . la cigarette de Béatrice me fait penser à un paratonnerre.

Car enfin, dans ma pipe, cette matière... Cette matière où le souffle doit pouvoir passer sans gêne, cette matière qui ne doit pas se défendre, qu'on injurie lorsqu'il lui arrive de ne pas se laisser faire... Et le souffle qui la traverse, déjà plein de fumée, ne saurait lui dissimuler qu'il prépare en elle le chemin du feu... Cette matière qui, trahie par sa surface même aussitôt portée au rouge, en sera progressivement traversée de haut en bas comme par un sou incandescent, et ce sera sa faute ; et qui, incapable de flammes, ne réagit à cette sournoise utilisation de sa nature que par une fumée, âcre sans doute, mais excitante, dont l'âcreté fait justement la jouissance du fumeur ; cette *matière*, enfin...

Essayer de m'abstenir sans fanatisme.

Etienne : « Parce que c'est agréable. »
« Ça ne l'est pas, dis-je à Etienne, mais quand bien même ce le serait d'autres choses le sont : l'odeur des roses, etc.
« Et vous savez bien, Etienne, que le goût du tabac n'a qu'un rôle de signal ; il est la preuve que cette fumée que vous voyez passe par vous, — vous traverse ! car chez le vrai fumeur, elle entre et sort par deux voies distinctes. Et si vous ne voyez pas la fumée, dans la nuit ou les yeux clos, alors peu vous importe qu'elle passe par vous ou non, peu vous importe d'en avoir le signal dans la bouche. »
Etienne souriait d'un air malin, comme un imbécile, et cependant la fumée s'élevait de sa cigarette en un fil distinct, solide et pur, et ne sortait de son nez qu'en nuage trouble, comme si son rhino-larynx l'avait moulue.

Confessions d'un fumeur de tabac français 157

Ce spectacle m'a distrait. Je n'avais plus envie de convaincre Etienne. Je le contemplais en rêvant. J'apprenais à penser à part la cigarette et ce qu'en tire le fumeur.

Avec l'orange, rien de pareil. On la mange, et par cette destruction nous faisons mieux que la connaître, nous la constituons. Son goût, ses pépins, chaque détail de son intimité nous le rapportons à elle-même, et elle existe enfin, comme Jésus-Christ, par le sacrifice d'elle-même que nous lui faisons.

Au contraire, on ne constitue ni ne connaît une cigarette en la détruisant. D'abord, on ne la détruit pas ; c'est le feu qui s'en charge, et cette combustion s'accomplit de soi-même ; on n'y participe guère que pour s'informer d'elle. Et puis, la saveur qu'on tire de cette combustion, on ne la rapporte pas à la cigarette, comme le jus contribue à constituer l'orange. Le fumeur en fumant ne crée pas ce qu'il fume ; le fumeur est le parasite de la cigarette; le mangeur d'orange n'est pas le parasite de l'orange. Ce n'est pas de leur faute s'ils diffèrent, c'est la faute à la différence des objets. L'un, l'orange, n'est pas fait pour être détruit (et c'est pourquoi on peut la détruire) ; l'autre, la cigarette, n'est qu'une machine auto-destructive (on ne peut que la mettre en marche et profiter d'elle).

Délivrance : non seulement je ne fume plus.

mais j'arrive à ne plus penser que je ne fume plus.

Dire que je ne pouvais plus dire : non merci, je ne fume pas, ou seulement : non merci, pas maintenant, ou encore : oui, je veux bien, sans que ce fût une pierre dans le lac de ma conscience, qui la rendait trouble et aveugle !

C'est fini.

Ah, si je pouvais aussi facilement me délivrer de cette joie absurde ! Cesser de parler, de raisonner, ce n'est rien; mais où trouver le moyen de ne pas m'envoler?

Je sens mes poumons comme deux ailes repliées dans ma poitrine.

RÊVE

J'escalade une montagne de cartons pleins de cigarettes. C'est dans un entrepôt de la Régie. Des ouvriers me regardent monter; ils se moquent de moi ; ils fument des mégots jaunâtres. Indifférent à leurs sarcasmes, je monte toujours parmi les cartons qui s'effondrent et que crève mon pied. Je me dis que si je tombe et me tue, cela n'aura pas d'importance : je mourrai seul. Enfin, j'accède à la verrière, que [je troue de la tête], en continuant simplement de m'élever. Me voici sur une grande terrasse couverte de gazon, ornée çà et là d'arbustes désolés, sous un ciel calme et gris. A une extrémité de la terrasse, au haut d'un escalier qui monte vers un amas de nuages mobiles percés par de violents éclats de soleil, j'entrevois un groupe d'êtres vagues, parents des personnages de l'*Apothéose d'Homère*; ce sont les « particuliers abstraits ». Je les sais prêts à m'accueillir parmi eux. Je me trouve encore un peu trop concret et général (il me semble que mon haleine sent encore le tabac, et je suis essoufflé par mon ascension) ; mais je comprends que le rôle de l'escalier qui me reste à gravir est justement d'achever ma transfiguration. Pourtant, je regrette d'abandonner les arbustes désolés, où j'aperçois de petits fruits rouges. Peut-être puis-je déraciner l'un d'eux et l'emporter avec moi dans l'Olympe ? il serait mon emblème. J'hésite jusqu'à l'angoisse. Mais, du haut de l'escalier, un « particulier abstrait » m'a vu. Il descend les marches vers moi. Il est vêtu à l'antique. Sa robe est brune et ocre. Il a un collier de barbe. Ses yeux noirs me donnent une impression inexplicable de solidité. Il me prend la main et m'entraîne. Nous montons l'escalier très vite, sans toucher les marches. L'essoufflement joyeux et le vent de cette course me réveillent : je sens encore dans la main la fraîcheur de l'arbuste aux fruits rouges, à l'odeur de pluie.

« Vers le soir, ce beau trois-mâts était réduit à une coque sombre et d'apparence intacte, mais pleine, comme un creuset, d'une masse incandescente, dont l'ardent éclat s'accusait avec le progrès de la nuit. On finit par remorquer au large cette épave d'enfer et l'on parvint à la couler. » (Paul Valéry, lu dans le train.)

A la Verpouille, dans l'Eure.

Campagne gelée. L'absence de feuilles. Forêt qu'on suppose sans animaux ; tellement désertée qu'en m'y promenant je pense à l'apparition d'une bête vraiment féroce, vraiment solitaire ; d'une bête sans bouche.

L'absence de tabac m'empêche de trouver quoi dire à Béatrice, dont la présence m'empêche d'écrire.

Ces suppositoires pour faire parler.

Dans les bois, cet après-midi, tout à coup je sens que ma cigarette vient de s'éteindre. Machinalement, je tâte mes poches pour y trouver des allumettes. Alors seulement, je me souviens que je ne fume plus depuis longtemps.
Qu'est-ce donc qui a bien pu s'éteindre.

Je me taille une baguette. Mes doigts jouent

avec elle, sans se soucier de mes pensées. Cette manipulation pourrait remplacer l'usage du tabac ; elle lui ressemble. Une différence toutefois : elle inciterait davantage à faire travailler les autres qu'à travailler soi-même.

Vide. Absence. Un coup de fusil lointain, que la gelée blanche réverbère jusqu'ici : plusieurs échos froids et coupants ; on sait bien que c'était un fusil, mais on ne peut s'empêcher de penser à un sabre.
Là-bas, Béatrice se promène. Elle n'est plus devant moi, mais ce n'est pas du tout comme si elle n'existait pas, ni même comme si elle se promenait au Mexique. Elle ne m'a pas quitté vraiment ; derrière moi, je ne la verrais pas non plus ; elle est peut-être derrière la maison ; tourner seulement la tête ou devoir sortir pour la rattraper, quelle différence ?
Elle est absente, mais je sais bien qu'elle ne s'est pas interrompue. Elle n'a pas besoin que je pense à elle pour continuer de marcher parmi les arbres ; et même si elle s'arrête, si elle ne fait plus rien, elle continuera du moins à passer son temps.

Le temps et le feu se ressemblent. Comme une cigarette jetée, Béatrice se consume dans la forêt.

Maintenant, ce n'est plus moi, ce sont les autres qui fument.

Dans un film que j'ai vu il y a longtemps, après la mort d'un homme, sa cigarette se consumait toute seule, jusqu'à lui griller les lèvres.

On ne connaît pas Dieu par la bouche.

Béatrice répond toujours avec tant d'abondance qu'on lui poserait des questions, n'importe lesquelles, pendant des heures. Pour moi, j'arrête le jeu dès qu'il me semble qu'elle va s'en apercevoir. Elle continuerait sans doute au-delà. Mais je ne puis supporter de la voir rougir.

Dans le train, l'autre jour : ces gens qui ont un accent. Qui portent leur cigarette sur l'oreille, et sifflent. S'ils se rendaient compte. Leur savoir-vivre me stupéfiait, comme celui des méduses.
Et si, tout à coup, je devenais une méduse, à condition d'oublier que je la suis devenu, ce ne serait rien : une méduse ne fait pas exprès d'être une méduse. Ce n'est pas un genre qu'elle se donne. Malgré sa mollesse, si j'ose dire elle tient debout. Mais eux.

Je crache beaucoup, ces temps-ci, avec une joie

qui ressemble à celle des grands créateurs. Je ponds.

J'aimerai à croire que c'est le tabac qui ressort, méconnaissable. De même votre nom, Béatrice, que je forme comme un œuf dans ma bouche, il ne vous ressemble pas. Et quand mes lèvres le déposent, dans je ne sais quel coquetier devant elles, je vous le rends, n'est-ce pas ? je vous rends à vous-même. Dans la coquille de votre oreille, moi qui vous ai vue, qui vous ai bue du regard, vous voici restituée par mes lèvres : Béatrice.

Et elle tombe ainsi à l'intérieur d'elle-même. Et elle y éclôt. Dans ce mot, dans cet œuf : Béatrice, j'ai patiemment rassemblé tout ce que j'ai pu de son absence ; le temps l'a dispersée, étalée, comme d'une cigarette le feu fait nuage et cendre ; en ce mot je la réunis : Béatrice. Un œuf plein de nuage et de cendre tombe en elle comme celui d'un phénix. Elle se remarie à elle-même. Ainsi la nouvelle lune, la lune absente, se recueille et, dans la nuit, retrouve ses quartiers perdus, les recompose pour se recracher pleine.

L'ayant nommée, je lui pardonne d'avoir été si passionnément visible (même quand je ne la voyais pas). Elle est là, intacte, comme si jamais elle n'avait été là ni ailleurs ; et elle ferme les yeux. Ni le temps ni moi n'entamerons ce soir sa nouvelle phase : Béatrice, je vous ai assez vue. Je ferme les yeux, puisque mon regard sur vos paupières baissées serait le regard opaque d'un aveugle.

Sa peau, quand elle dort, me gêne comme une paupière qui ne se lèverait jamais.

Le B de Béatrice : le contraire d'un M. Il pousse le prénom dehors, ce prénom plein d'elle. Inversement, Matrice, mot qui reste intérieur, et plein de moi.

TABAC. TA, plus violent que BA ; non seulement pas à moi, MA, mais à toi, TA (on a envie d'ajouter : *Na !* ce qui reste de MA après la proclamation du TA : un Non ! féminin. Mon, ton ? — Non !).

Maman : Moi-moi-(en).

Situation nouvelle : Toi-Moi.

On pense à la solution : Moi-bois-toi. Impossible. Le dégoût contribue à détacher le moi : Toi ? — Baaah ! (dégoût, restitution, bave). Ou encore : on met bas cette seconde personne et ce qui lui appartient : Toi (Ta, Ton, Tien,)-Bas. D'où Ta-Ba(c). Prononcer le *C* dur augmente la violence du rejet : on Crache, on Cravache le taback.

Je ne cravache pas, je badine, mais c'est pourtant vrai, la parole, auberge où l'on apporte son manger... C'est pourtant vrai que le poète ressemble à un pélican : il a des plumes, ses ailes de géant l'empêchent de marcher, son amour des mots explique le double menton où il les conserve ; et c'est bien vrai que les mots ressemblent aux poissons. (Dites pourquoi.) Mieux vaut décider tout de suite qu'on parlera pour ne rien dire.

Confessions d'un fumeur de tabac français 165

J'ai noyé le poisson. Cela demande beaucoup d'eau.

On croit parler de quelque chose, et c'est toujours d'autre chose qu'on parle.

Et en admettant que les cigarettes prennent enfin la résolution de ne plus être fumables, qu'est-ce que je deviendrais ?

Je leur reprochais moins de me faire du mal que de ne pas me faire du bien. Important, cela. Je ne sais pas pourquoi, mais cela me semble important.

Tabac : mon problème.

La question : Pourquoi ? est en dehors de mon problème ; vient de l'extérieur.

Je réponds : Qu'est-ce que ça peut vous faire ?

J'ai un cancer, ici, à l'endroit du tabac. Un cancer, c'est l'œuvre d'un cancéreux ? Un homme qui a un cancer n'a pas raison de l'avoir, et ce n'est pas non plus un accident qui lui arrive. C'est une œuvre qu'il fait malgré lui, sans raison, et dont il va mourir.

J'écris tout ça, non pour en affirmer l'intérêt ; en souhaitant seulement qu'on s'y intéresse, sans garantie. Si on me lit un jour. Je suis l'homme que le problème de l'importance du tabac avait choisi pour se manifester.

Je fume ou je ne fume pas, peu importe. Le

combat est entre deux adversaires immuables, quel que soit celui qui l'emporte ou se laisse emporter : le vainqueur (le tabac quand je fume, moi quand je ne fume pas) n'est qu'un vainqueur fictif, un simulacre de vainqueur pour un simulacre de vaincu. Le combat existe, mais on n'en voit que le simulacre. Le tabac et le fumeur donnent la représentation d'un combat qui se livre ailleurs, entre deux combattants inconnus. Le tabac n'est qu'un acteur, et le fumeur son comparse. Le même drame sera joué, dans un style un peu différent, par le vin et l'ivrogne ; par Othello et Desdémone.

Au fond, je ne veux pas comprendre

Fumer, ne pas fumer, de toute façon un manque s'exprime

Ne pas fumer, au début, « me rapprochait de Béatrice ». Je voulais dire par là que Béatrice, que l'apparition de Béatrice faisait que je n'avais plus besoin de dissimuler ce manque, ce trou qu'il y a dans moi. Ce trou n'était plus une faim sans espoir, une agonie de faim, n'était plus une mort enterrée vive, toujours vive à réenterrer, toujours vive sous une fumée elle-même aussi toujours vive mais impuissante à exister, une fumée dissipée aussitôt que faite, toujours à renouveler, à accroître un fantôme (il se dissipe sans ça), comme un fantôme exige d'être nourri ; Béatrice ranimait le cadavre de ma faim, la rendait à la vie ; ce n'était plus une faim d'oubliette, une faim dont on meurt ; c'était redevenu la faim qui a raison, la faim qui connaît son repas et va tout droit vers lui. C'est-à-dire : je n'avais plus besoin de vêtement. A l'apparition de Béatrice, je renonçais à fumer comme on se met tout nu.

Ce n'est pas d'un vêtement qu'on manque quand on est tout nu ; c'est d'un regard ; qu'on le craigne ou qu'on le souhaite ; qu'il soit seulement possible ou qu'il soit réel, incarné dans un œil ; ou qu'il soit rêvé. Ainsi, ce que j'appelle ma faim cessait de se promener décemment, presque invisible, dans sa robe de fumée. Elle était nue.

Mauvais usage de ma pensée, prétend Paul. On mange une pomme de terre, on ne la pense pas. Ça ne rendrait service ni à elle, ni à celui qui la mange. Dans leur tête-à-tête, la pensée se sent de trop, comme un enfant abandonné. Vaine, vide et solitaire, elle se dégoûte d'elle-même.

Solitude ! — voilà ma vraie souffrance. Mais avoir choisi le tabac pour l'exprimer, avoir espéré briser ma solitude en maîtrisant pour tous la nicotine... Ah, tant pis, il faut que je le dise, ça me fera plaisir : je crois que je me suis mis à boire.

Je suis faible et maigre. J'écris parce que je vais mourir. Je passe mes journées à la forêt. J'invente des promeneuses visibles. J'ai envoyé ma démission à mon employeur. J'ai rêvé que je participais, au volant d'une pipe de course, à une compétition de hors-bord. On riait. Une main se posait sur mes yeux pour arrêter ce songe absurde, et je me suis réveillé, tandis que d'une voix horriblement réelle et, m'a-t-il semblé, dans l'obscurité même de ma chambre, j'entendais prononcer ces mots : « Il faut en finir. »

En finir avec ce cahier, rien de plus simple. Mais avec le reste ?

A Béatrice : « Les expressions de ton visage ne t'appartiennent pas plus que celles de la fumée de ta cigarette. »

Lui avoir dit cela quelques jours avant sa mort...

Un paquet par jour, plus cigares et pipe, depuis combien de semaines ? Et pour quel résultat. En finir, non, on ne peut pas.

Béatrice elle-même...

Putréfaction de Béatrice : choses à dire encore dessus.

Mais envie plus forte d'écraser ici mon stylo pour l'éteindre.

Phrases sans verbe.

A la fin du cauchemar de cette nuit, vu un éléphant fumer sa trompe. Le grésillement m'a réveillé

FIN DES CONFESSIONS D'UN
FUMEUR DE TABAC FRANÇAIS

Olga ma vache 7
Les Campements 69
Confessions d'un fumeur de tabac français 87

DU MÊME AUTEUR

Aux Éditions Gallimard

NAÏVES HIRONDELLES. Comédie en trois actes, suivi de SI CAMILLE ME VOYAIT..., 1962. Nouvelle édition en 1986 (Folio théâtre n° 87)

LA MAISON D'OS, 1966

JE DIRAI QUE JE SUIS TOMBÉ, 1966

LE JARDIN AUX BETTERAVES. Pièce en deux actes, 1969. Nouvelle édition en 2002

SI CAMILLE ME VOYAIT... suivi de LES CRABES ou LES HÔTES ET LES HÔTES, 1971. Nouvelle édition en 2004

« ... OÙ BOIVENT LES VACHES ». Tragi-comédie, 1973

OLGA MA VACHE – LES CAMPEMENTS – CONFESSIONS D'UN FUMEUR DE TABAC FRANÇAIS, 1974 (L'Imaginaire » n° 297)

IL NE FAUT PAS BOIRE SON PROCHAIN. Fantaisie monstrueuse en quatre tableaux, *sur une idée d'André Voisin*, 1997

CARNETS EN MARGE, 1998

JE DIRAI QUE JE SUIS TOMBÉ suivi de LA BOÎTE À OUTILS, 2003

CONFESSIONS D'UN FUMEUR DE TABAC FRANÇAIS, 2004. Nouvelle extraite du recueil *Olga ma vache* (Folio 2 € n° 3965)

LE BAIN DE VAPEUR. Mélodrame, 2008

MADAME FAIT CE QU'ELLE DIT. Monologue à plusieurs voix, 2008

Dans la collection « L'arbalète Gallimard »

LES DIABLOGUES ET AUTRES INVENTIONS À DEUX VOIX. Édition originale chez Marc Barbezat/L'arbalète en 1976

LA BOÎTE À OUTILS. Édition originale chez Marc Barbezat/L'arbalète en 1985.

LES NOUVEAUX DIABLOGUES. Édition originale chez Marc Barbezat/L'arbalète en 1988 (Folio n° 3176)

Aux Éditions Gallimard Jeunesse

LE GOBE-DOUILLE ET AUTRES DIABLOGUES : *Le Tilbury – Les Voisins – L'Itinéraire – Nostalgie – Le Ping-pong – Le Malaise de Georges – Au restaurant – Dialogue sur un palier (Le gobe-douille)*, 2000 (Folio Junior Théâtre n° 1101)

SI CAMILLE ME VOYAIT... suivi de LES CRABES OU LES HÔTES ET LES HÔTES, 2005 (Folio Junior Théâtre n° 1361)

Au Mercure de France

SI CAMILLE ME VOYAIT..., 1997, coll. « Le Petit Mercure »

L'IMAGINAIRE

GALLIMARD

Axée sur les constructions de l'imagination, cette collection vous invite à découvrir les textes les plus originaux des littératures romanesques française et étrangères.

Volumes parus

372. André Pieyre de Mandiargues : *Porte dévergondée*.
373. Philippe Soupault : *Le nègre*.
374. Philippe Soupault : *Les dernières nuits de Paris*.
375. Michel Leiris : *Mots sans mémoire*.
376. Daniel-Henry Kahnweiler : *Entretiens avec Francis Crémieux*.
377. Jules Supervielle : *Premiers pas de l'univers*.
378. Louise de Vilmorin : *La lettre dans un taxi*.
379. Henri Michaux : *Passages*.
380. Georges Bataille : *Le Coupable* suivi de *L'Alleluiah*.
381. Aragon : *Théâtre/Roman*.
382. Paul Morand : *Tais-toi*.
383. Raymond Guérin : *La tête vide*.
384. Jean Grenier : *Inspirations méditerranéennes*.
385. Jean Tardieu : *On vient chercher Monsieur Jean*.
386. Jules Renard : *L'œil clair*.
387. Marcel Jouhandeau : *La jeunesse de Théophile*.
388. Eugène Dabit : *Villa Oasis ou Les faux bourgeois*.
389. André Beucler : *La ville anonyme*.
390. Léon-Paul Fargue : *Refuges*.
391. J.M.G. Le Clézio : *Terra Amata*.
393. Jean Giraudoux : *Les contes d'un matin*.
394. J.M.G. Le Clézio : *L'inconnu sur la terre*.
395. Jean Paulhan : *Les causes célèbres*.
396. André Pieyre de Mandiargues : *La motocyclette*.
397. Louis Guilloux : *Labyrinthe*.
398. Jean Giono : *Cœurs, passions, caractères*.
399. Pablo Picasso : *Les quatre petites filles*.
400. Clément Rosset : *Lettre sur les Chimpanzés*.

401. Louise de Vilmorin : *Le lit à colonnes*.
402. Jean Blanzat : *L'Iguane*.
403. Henry de Montherlant : *Les Bestiaires*.
404. Jean Prévost : *Les frères Bouquinquant*.
405. Paul Verlaine : *Les mémoires d'un veuf*.
406. Louis-Ferdinand Céline : *Semmelweis*.
407. Léon-Paul Fargue : *Méandres*.
408. Vladimir Maïakovski : *Lettres à Lili Brik (1917-1930)*.
409. Unica Zürn : *L'Homme-Jasmin*.
410. V.S. Naipaul : *Miguel Street*.
411. Jean Schlumberger : *Le lion devenu vieux*.
412. William Faulkner : *Absalon, Absalon !*
413. Jules Romains : *Puissances de Paris*.
414. Iouri Kazakov : *La petite gare et autres nouvelles*.
415. Alexandre Vialatte : *Le fidèle Berger*.
416. Louis-René des Forêts : *Ostinato*.
417. Edith Wharton : *Chez les heureux du monde*.
418. Marguerite Duras : *Abahn Sabana David*.
419. André Hardellet : *Les chasseurs I et II*.
420. Maurice Blanchot : *L'attente l'oubli*.
421. Frederic Prokosch : *La tempête et l'écho*.
422. Violette Leduc : *La chasse à l'amour*.
423. Michel Leiris : *À cor et à cri*.
424. Clarice Lispector : *Le bâtisseur de ruines*.
425. Philippe Sollers : *Nombres*.
426. Hermann Broch : *Les Irresponsables*.
427. Jean Grenier : *Lettres d'Égypte, 1950,* suivi de *Un été au Liban*.
428. Henri Calet : *Le bouquet*.
429. Iouri Tynianov : *Le Disgracié*.
430. André Gide : *Ainsi soit-il* ou *Les jeux sont faits*.
431. Philippe Sollers : *Lois*.
432. Antonin Artaud : *Van Gogh, le suicidé de la société*.
433. André Pieyre de Mandiargues : *Sous la lame*.
434. Thomas Hardy : *Les petites ironies de la vie*.
435. Gilbert Keith Chesterton : *Le Napoléon de Notting Hill*.
436. Theodor Fontane : *Effi Briest*.
437. Bruno Schulz : *Le sanatorium au croque-mort*.
438. André Hardellet : *Oneïros* ou *La belle lurette*.
439. William Faulkner : *Si je t'oublie, Jérusalem. Les palmiers. sauvages*.

440. Charlotte Brontë : *Le professeur*.
441. Philippe Sollers : *H*.
442. Louis-Ferdinand Céline : *Ballets sans musique, sans rien*, précédé de *Secrets dans l'île* et suivi de *Progrès*.
443. Conrad Aiken : *Au-dessus de l'abysse*.
444. Jean Forton : *L'épingle du jeu*.
446. Edith Wharton : *Voyage au Maroc*.
447. Italo Svevo : *Une vie*.
448. Thomas de Quincey : *La nonne militaire d'Espagne*.
449. Anne Brontë : *Agnès Grey*.
450. Stig Dagerman : *Le serpent*.
451. August Strindberg : *Inferno*.
452. Paul Morand : *Hécate et ses chiens*.
453. Theodor Francis Powys : *Le Capitaine Patch*.
454. Salvador Dali : *La vie secrète de Salvador Dali*.
455. Edith Wharton : *Le fils et autres nouvelles*.
456. John Dos Passos : *La belle vie*.
457. Juliette Drouet : *« Mon grand petit homme... »*.
458. Michel Leiris : *Nuits sans nuit*.
459. Frederic Prokosch : *Béatrice Cenci*.
460. Leonardo Sciascia : *Les oncles de Sicile*.
461. Rabindranath Tagore : *Le Vagabond et autres histoires*.
462. Thomas de Quincey : *De l'Assassinat considéré comme un des Beaux-Arts*.
463. Jean Potocki : *Manuscrit trouvé à Saragosse*.
464. Boris Vian : *Vercoquin et le plancton*.
465. Gilbert Keith Chesterton : *Le nommé Jeudi*.
466. Iris Murdoch : *Pâques sanglantes*.
467. Rabindranath Tagore : *Le naufrage*.
468. José Maria Arguedas : *Les fleuves profonds*.
469. Truman Capote : *Les Muses parlent*.
470. Thomas Bernhard : *La cave*.
471. Ernst von Salomon : *Le destin de A.D.*
472. Gilbert Keith Chesterton : *Le Club des Métiers bizarres*.
473. Eugène Ionesco : *La photo du colonel*.
474. André Gide : *Le voyage d'Urien*.
475. Julio Cortázar : *Octaèdre*.
476. Bohumil Hrabal : *La chevelure sacrifiée*.
477. Sylvia Townsend Warner : *Une lubie de Monsieur Fortune*.
478. Jean Tardieu : *Le Professeur Frœppel*.

479. Joseph Roth : *Conte de la 1002ᵉ nuit.*
480. Kôbô Abe : *Cahier Kangourou.*
481. Rainer Maria Rilke, Boris Pasternak, Marina Tsvétaïeva : *Correspondance à trois.*
482. Philippe Soupault : *Histoire d'un blanc.*
483. Malcolm de Chazal : *La vie filtrée.*
484. Henri Thomas : *Le seau à charbon.*
485. Flannery O'Connor : *L'habitude d'être.*
486. Erskine Caldwell : *Un pauvre type.*
487. Florence Delay : *Minuit sur les jeux.*
488. Sylvia Townsend Warner : *Le cœur pur.*
489. Joao Ubaldo Ribeiro : *Sergent Getulio.*
490. Thomas Bernhard : *Béton.*
491. Iris Murdoch : *Le prince noir.*
492. Christian Dotremont : *La pierre et l'oreiller.*
493. Henri Michaux : *Façons d'endormi, Façons d'éveillé.*
494. Mcša Selimović : *Le derviche et la mort.*
495. Francis Ponge : *Nioque de l'avant-printemps.*
496. Julio Cortázar : *Tous les feux le feu.*
497. William Styron : *Un lit de ténèbres.*
498. Joseph Roth : *La toile d'araignée.*
499. Marc Bernard : *Vacances.*
500. Romain Gary : *L'homme à la colombe.*
501. Maurice Blanchot : *Aminadab.*
502. Jean Rhys : *La prisonnière des Sargasses.*
503. Jane Austen : *L'Abbaye de Northanger.*
504. D.H. Lawrence : *Jack dans la brousse.*
505. Ivan Bounine : *L'amour de Mitia.*
506. Thomas Raucat : *L'honorable partie de campagne.*
507. Frederic Prokosch : *Hasards de l'Arabie heureuse.*
508. Julio Cortázar : *Fin de jeu.*
509. Bruno Schulz : *Les boutiques de cannelle.*
510. Pierre Bost : *Monsieur Ladmiral va bientôt mourir.*
511. Paul Nizan : *Le cheval de Troie.*
512. Thomas Bernhard : *Corrections.*
513. Jean Rhys : *Voyage dans les ténèbres.*
514. Alberto Moravia : *Le quadrille des masques.*
515. Hermann Ungar : *Les hommes mutilés.*
516. Giorgi Bassani : *Le héron.*
517. Marguerite Radclyffe Hall : *Le puits de solitude.*

518. Joyce Mansour : *Histoires nocives.*
519. Eugène Dabit : *Le mal de vivre.*
520. Alberto Savinio : *Toute la vie.*
521. Hugo von Hofmannsthal : *Andréas et autres récits.*
522. Charles-Ferdinand Ramuz : *Vie de Samuel Belet.*
523. Lieou Ngo : *Pérégrinations d'un clochard.*
524. Hermann Broch : *Le tentateur.*
525. Louis-René des Forêts : *Pas à pas jusqu'au dernier.*
526. Bernard Noël : *Le 19 octobre 1977.*
527. Jean Giono : *Les trois arbres de Palzem.*
528. Amos Tutuola : *L'ivrogne dans la brousse.*
529. Marcel Jouhandeau : *De l'abjection.*
530. Raymond Guérin : *Quand vient la fin.*
531. Mercè Rodoreda : *La place du diamant.*
532. Henry Miller : *Les livres de ma vie.*
533. R. L. Stevenson : *Ollala des montagnes.*
534. Ödön von Horváth : *Un fils de notre temps.*
535. Rudyard Kipling : *La lumière qui s'éteint.*
536. Shelby Foote : *Tourbillon.*
537. Maurice Sachs : *Alias.*
538. Paul Morand : *Les extravagants.*
539. Seishi Yokomizo : *La hache, le koto et le chrysanthème.*
540. Vladimir Makanine : *La brèche.*
541. Robert Walser : *La promenade.*
542. Elio Vittorini : *Les hommes et les autres.*
543. Nedim Gürsel : *Un long été à Istanbul.*
544. James Bowles : *Deux dames sérieuses.*
545. Paul Bowles : *Réveillon à Tanger.*
546. Hervé Guibert : *Mauve le vierge.*
547. Louis-Ferdinand Céline : *Maudits soupirs pour une autre fois.*
548. Thomas Bernhard : *L'origine.*
549. J. Rodolfo Wilcock : *Le stéréoscope des solitaires.*
550. Thomas Bernhard : *Le souffle.*
551. Beppe Fenoglio : *La paie du samedi.*
552. James M. Cain : *Mildred Pierce.*
553. Alfred Döblin : *Voyage babylonien.*
554. Pierre Guyotat : *Prostitution.*
555. John Dos Passos : *La grande époque.*
556. Cesare Pavese : *Avant que le coq chante.*

*Ouvrage reproduit
par procédé photomécanique.*
Impression CPI Firmin Didot
à Mesnil-sur-l'Estrée, le 6 avril 2009.
Dépôt légal : avril 2009.
1er dépôt légal dans la collection : janvier 1993.
Numéro d'imprimeur : 94794.

ISBN 978-2-07-072977-7/Imprimé en France.

169165